Maria Claudia Coelho

O valor das
intenções

Dádiva, emoção e identidade

ISBN 85-225-0559-4

Copyright © Maria Claudia Coelho

Direitos desta edição reservados à
EDITORA FGV
Praia de Botafogo, 190 — 14º andar
22250-900 — Rio de Janeiro, RJ — Brasil
Tels.: 0800-21-7777 — 21-2559-5543
Fax: 21-2559-5532
e-mail: editora@fgv.br — pedidoseditora@fgv.br
web site: www.editora.fgv.br

Impresso no Brasil / Printed in Brazil

Todos os direitos reservados. A reprodução não autorizada desta publicação, no todo ou em parte, constitui violação do copyright (Lei nº 9.610/98).

Os conceitos emitidos neste livro são de inteira responsabilidade da autora.

1ª edição — 2006

Revisão de originais: Maria Izabel Penna Buarque de Almeida

Revisão: Fatima Caroni e Mauro Pinto de Faria

Capa: Inventum Design

Ficha catalográfica elaborada pela Biblioteca
Mario Henrique Simonsen/FGV

Coelho, Maria Claudia
    O valor das intenções: dádiva, emoção e identidade / Maria Claudia Coelho. — Rio de Janeiro : Editora FGV, 2006.
    108p.

    Inclui bibliografia.

    1. Antropologia social. 2. Comportamento humano. 3. Doações. I. Fundação Getulio Vargas. II. Título.

CDD — 301.2

Para Ana Clara e Irene — presentes que a vida me deu.

Sumário

Agradecimentos   *9*

Introdução   *11*

Capítulo 1 — Os sistemas da dádiva: dom, sociedade e teoria antropológica   *17*

Capítulo 2 — "Um presente que é a sua cara": dádiva e apresentação de si   *35*

Capítulo 3 — "O que vale é a intenção": dádiva, valor e sentimento   *51*

Capítulo 4 — Hierarquia, trocas materiais e emoções: o exemplo da gratidão   *65*

Capítulo 5 — Os presentes de Natal: o "amigo oculto" e a afirmação da família   *81*

Considerações finais   *97*

Bibliografia   *103*

Agradecimentos

Este livro é o resultado de uma pesquisa desenvolvida de 1997 a 2003 no Departamento de Ciências Sociais da Universidade do Estado do Rio de Janeiro (Uerj), no âmbito do Programa de Incentivo à Produção Científica, Técnica e Artística (Prociência). Gostaria de agradecer a colegas, alunos e funcionários pelo apoio recebido.

Meu interesse pelo tema da dádiva é antigo, remontando à época em que trabalhei na área de teoria da comunicação. Nesse período, muito antes de pensar em sistematizar esse interesse sob a forma de um projeto de pesquisa, tive a chance de discutir o tema em sala de aula com meus alunos de graduação da Faculdade de Comunicação Social da Uerj e do Departamento de Comunicação Social da Pontifícia Universidade Católica do Rio de Janeiro (PUC-Rio). Agradeço a eles o interesse então demonstrado.

Em sua primeira fase (1997-2000), o projeto esteve orientado para a exploração das possibilidades de diálogo entre as ciências sociais e os estudos da linguagem, em especial a sociolingüística interacional. Durante esse período, beneficiei-me enormemente da interlocução com o grupo de sociolingüística do Departamento de Letras da PUC-Rio, cujo interesse pelo tema — expresso em diversos convites para palestras e seminários — representou um estímulo intelectual e pessoal de imenso valor. Quero agradecer em especial às professoras Maria do Carmo Leite de Oliveira, Maria das Graças Dias Pereira e Liliana Cabral Bastos, bem como a seus alunos e orientandos, pelas inúmeras ocasiões para "trocas" intelectuais.

Na segunda fase (2000-03), os diálogos travados deram-se primordialmente com a área de antropologia urbana. Pude nesse período contar com o interesse e as contribuições de Lucas K. F. Rehen e Cristina Dias da Silva, meus assistentes de pesquisa no âmbito do Programa Institucional de Bolsas de Iniciação Científica (Pibic) da Uerj. Meus interlocutores mais freqüentes foram os integrantes da linha de pesquisa "Perspectivas da Subjetividade", da qual participo como professora do Programa de Pós-Graduação em Ciências Sociais (PPCIS) da Uerj. Agradeço aos colegas e alunos membros da linha, em especial a Karina Kuschnir, pela leitura e comentários.

Na reta final, quando preparava o manuscrito para publicação, tive o privilégio de poder contar com as sugestões e com o estímulo do professor Gilberto Velho, a quem quero registrar aqui também meu agradecimento.

Gostaria de poder mencionar nominalmente todas as pessoas que se dispuseram a me relatar suas experiências com as trocas de presentes. As convenções da pesquisa antropológica, contudo, não me permitem nomeá-las individualmente. Espero que compreendam que o caráter coletivo deste agradecimento em nada enfraquece o reconhecimento da importância daquilo que me deram ao partilhar suas experiências comigo.

No processo de realização das entrevistas, pude contar com a ajuda espontânea e essencial de Selma de Almeida Paulo — um exemplo de "dádiva desinteressada". Sou *grata* a ela.

Cesar Ibrahim está presente na minha vida há mais de 12 anos, ao longo dos quais recebi mais do que poderia esperar retribuir. Não creio que pudesse ter escrito este livro sem seu apoio.

Claudia Barcellos Rezende — amiga, colega e comadre — é outra presença de já longa data. Ela leu este livro mais de uma vez, ao longo de várias versões, e ofereceu sugestões, críticas e comentários, além de um estímulo constante. Sua amizade está entre as dádivas mais importantes que já recebi.

Minha família — meus pais, Ronaldo e Beatriz, meu irmão, Carlinhos, minhas tias Gilda e Ligia e meu tio Longo — são as pessoas com quem venho trocando há mais tempo na vida. Algumas dádivas são dívidas impagáveis, e, paradoxalmente, tê-las na vida é bom: aprendi isso com eles muito antes de conhecer qualquer coisa de teoria antropológica.

Finalmente, quero agradecer a Fernando — como já disse em outro lugar, minha melhor parceria na vida — e a Ana Clara e Irene, cuja existência me fez entender o sentido de uma frase que ouvi em um filme, e à qual agora recorro para tentar registrar o que elas me dão: "elas me fazem querer ser uma pessoa melhor".

Introdução

Em 1988, passei vários meses freqüentando as aulas de uma escola de teatro do Rio de Janeiro, fazendo o trabalho de campo que iria em seguida resultar em minha dissertação de mestrado. Naquela ocasião, presenciei uma troca de presentes entre os alunos de uma turma, realizada sob a forma do "amigo oculto". A orientação geral era que os presentes deveriam trazer algo de si e — como não poderia deixar de ser — sua oferta seria precedida por uma pequena dramatização em que o doador "representaria" o receptor.

Dois presentes ofertados chamaram-me a atenção. O primeiro foi dado por uma moça, que ofereceu a seu amigo oculto um porta-retrato confeccionado por ela, no qual havia uma foto dela sobre a qual fora desenhado um "balão" (como nas histórias em quadrinhos), onde ela escrevera "merda pra você".[1] O presente suscitou uma forte reação da turma, que o considerou "lindo".

O segundo presente foi dado por um rapaz: tratava-se de um pequeno urso de pelúcia, sujo e estropiado, que fora um brinquedo querido de sua infância. Este presente suscitou uma série de protestos da turma, que o considerou excessivamente valioso para ser ofertado, insistindo com o rapaz para que não se desfizesse dele.

Desses episódios, retive até hoje uma forte sensação de estranheza. Espantou-me, no primeiro presente, aquilo que me pareceu uma forma extrema de vaidade: ofertar uma foto de si mesma em um objeto de papelão por ela mesma confeccionado. No segundo, surpreendeu-me uma espécie de "autocentramento" que considerei excessivo: oferecer algo que, a meus olhos, só poderia ter valor para o próprio doador, devido ao lugar ocupado por aquele objeto em sua história particular. Mas o sentimento de espanto não se devia somente a isso,

---

[1] Esta é uma expressão típica do meio teatral, utilizada como uma forma de desejar boa sorte.

sendo ainda mais intensificado pela reação da turma, que considerava os presentes *excessivamente valiosos*.

Naquele momento, o tema da dádiva não se encontrava entre minhas preocupações de pesquisa e, embora impressionada com os episódios, não me ocorreu incluí-los na etnografia que elaborei sobre a escola (Coelho, 1989). Entretanto, passados tantos anos, ainda recordo a impressão que me causaram.

Lamento hoje não ter percebido então o poder de síntese encerrado naqueles dois presentes e na reação que suscitaram. Na descrição que elaborei do *ethos* e da visão de mundo que definiam aquele grupo de estudantes de teatro, apontei a presença de traços do individualismo qualitativo descrito por Simmel (1971b), com sua ênfase na singularidade individual, e da ideologia da intimidade analisada por Sennett (1988), marcada por uma atitude narcísica por parte do sujeito contemporâneo.

Os presentes — uma foto de si mesma e um objeto cujo valor é construído de forma absolutamente idiossincrática — parecem-me ganhar sentido à luz desses traços norteadores da maneira de existir do grupo, podendo ser entendidos como uma expressão da atitude narcísica que permeia esse universo. A forma que a dádiva assume aí aponta para uma vertente possível da análise das maneiras de trocar: permitir o acesso ao *ethos* e à visão de mundo de um grupo social.

Contudo, esta é obviamente apenas uma entre inúmeras possibilidades. "Fato social total", a dádiva permite a discussão de diversos aspectos da vida social, consistindo mesmo em uma espécie de imbricação de suas várias dimensões, conforme apontou Mauss em seu "Ensaio sobre a dádiva". É devido a esta centralidade que a dádiva ocupa um lugar ímpar na teoria antropológica.

Originalmente estudada tendo como universo principal as sociedades tribais, as reflexões sobre a dádiva acompanham a história do pensamento antropológico com um raro rendimento teórico, servindo de base para a discussão da natureza da vida social e do próprio empreendimento teórico característico da antropologia, qual seja, as formas de compreensão da alteridade.

Este entrelaçamento entre o estudo da dádiva e o desenvolvimento da teoria antropológica é visível também no deslocamento do foco exclusivo da atenção sobre as sociedades primitivas, realizado pela antropologia ao voltar seu interesse também para as sociedades urbanas contemporâneas. É assim que diversos estudiosos escrutinaram os sistemas de troca das sociedades urbanas contemporâneas, tanto no Oriente — casos, por exemplo, da China[2] e do Japão[3] — quanto no Ocidente — como em estudos sobre os Estados Unidos[4] e o Canadá.[5]

---

[2] Yan, 1996, e Yang, 1994.
[3] Hendry, 1995.
[4] Miller, 1993.
[5] Cheal, 1988.

Nesse movimento, o enfoque sofre algumas alterações. Os estudos clássicos que tomam por base dados etnográficos recolhidos junto a sociedades tribais parecem adotar uma perspectiva "sistêmica", voltada para a compreensão das regras que orientam as trocas nesse universo, comprometida com uma visão da vida social como uma totalidade coesa. Já nos estudos realizados junto a grupos urbanos contemporâneos, é comum encontrar uma preocupação com a dimensão interacional das trocas, havendo um maior espaço para a discussão de aspectos ligados à agência individual.

É este o eixo que procuro seguir neste livro. Reúno aqui diversos trabalhos elaborados ao longo de alguns anos de pesquisa sobre as formas da dádiva junto a segmentos de camadas médias do Rio de Janeiro.[6] De certo modo, a própria *démarche* do projeto parece acompanhar o deslocamento mencionado. Propondo-se em sua formulação original a desvendar as regras que orientariam a troca de presentes junto a esses segmentos, o projeto, ao entrar na fase de análise de dados, foi gradualmente reorientado para a discussão da dádiva como estratégia de construção de identidades e de expressão de emoções, abandonando, assim, a perspectiva original — de natureza "sistêmica" — em favor de uma preocupação maior com a dimensão da agência individual.

Esta atenção para a dimensão da agência individual passa-se em dois tempos. A primeira fase do projeto é orientada por um diálogo com a área da sociolingüística interacional. A idéia fundamental era a investigação das possibilidades de interlocução entre as ciências sociais e a sociolingüística interacional, tendo como ponto central a noção de que a troca de presentes, passível de entendimento (conforme autores clássicos das ciências sociais já haviam colocado) como um ato de comunicação, poderia servir como uma ponte para a exploração da eventual fecundidade de um intercâmbio conceitual entre estas áreas para a compreensão da dádiva. Neste percurso, a reflexão predominante é a concepção da dádiva como uma forma de elaboração das imagens de si. Duas são as noções-chave: a concepção do conjunto de regras que orientam a dádiva como uma forma de *linguagem*, conforme proposto por Miller (1993) e Hendry (1995), e a perspectiva interacionista acerca das formas de construção das imagens de si, conforme explorado na obra de Goffman (1975, 1980).

A segunda fase do projeto insere-se na rubrica da antropologia das emoções, tendo como eixo norteador a capacidade de os objetos trocados servirem como veículos para a expressão de emoções. Neste segundo momento, a preocupação teórica fundamental é o exame das possibilidades abertas pela dádiva para a exploração da desconstrução do conceito de cultura empreendido pela antropologia pós-moderna norte-americana. Nesta vertente, a idéia é investigar os limites da concepção tradicional do conceito de cultura, comprometido com as noções de coesão e coerência. A perspectiva teórica adotada é a concepção

---

[6] Esta pesquisa foi desenvolvida no âmbito do Prociência da Uerj (1997-2003).

contextualista das emoções, entendidas como uma forma de *discurso* na acepção foucaultiana.[7]

Essas duas fases do projeto não são, contudo, estanques. Fazendo a ponte entre as duas preocupações está uma espécie de "paráfrase" de um momento-chave na atual constituição do campo de estudos da linguagem: a mudança do paradigma da "língua como sistema" (a acepção estruturalista) para a "língua em uso" (a perspectiva pragmático-discursiva). Neste sentido, investigar o modo como os indivíduos fazem uso das regras da dádiva para comunicar-se — expressando/suscitando emoções e elaborando/reivindicando imagens de si — é uma forma de pensar a "cultura em uso", em vez da cultura como um "sistema" (conforme explorado nos capítulos 4 e 5 e na conclusão).

O universo aqui pesquisado são as camadas médias da Zona Sul do Rio de Janeiro. Este universo conta já com uma longa tradição de pesquisa, iniciada na década de 1970 com o estudo pioneiro de Velho (1973) sobre um prédio residencial em Copacabana. Esta linha de pesquisa, ancorada em uma percepção do ambiente urbano de inspiração interacionista (com base principalmente nos trabalhos de Simmel e Park) e em um olhar sobre a vida social preocupado com a dimensão subjetiva (orientado pela fenomenologia de Schutz) rendeu um conjunto grande de trabalhos, em áreas temáticas tais como as relações familiares[8] e os *ethos* e visões de mundo de grupos profissionais/estudantis específicos.[9] Há também estudos voltados para a análise de outras regiões e camadas sociais da cidade do Rio de Janeiro, buscando elementos para uma comparação entre os *ethos* predominantes nestas regiões e grupos sociais e aqueles que prevaleciam entre as camadas médias da Zona Sul.[10]

Dessas comparações emergiu uma visão do universo das camadas médias da Zona Sul marcado por um *ethos* e uma visão de mundo predominantemente individualistas,[11] no qual a presença da "cultura psicanalítica"[12] faz-se sentir de maneira marcante. Esta perspectiva delineia um quadro interpretativo da sociedade carioca em que às camadas médias da Zona Sul é associado um estilo de vida ditado pela certeza da singularidade individual e pela preocupação com a ideologia da intimidade (de que, como já vimos, são exemplos os jovens estudantes de teatro citados). Em contraponto, às camadas populares habitantes da

---

[7] Abu-Lughod e Lutz, 1990.
[8] Barros, 1987, Dauster, 1984, e Salem, 1987.
[9] Castro, 1990, Coelho, 1989, Fiuza, 1990, Rezende, 1990, e Vilhena, 1990.
[10] Heilborn, 1984, e Vianna, 1988.
[11] Velho, 1986 e 1998.
[12] Figueira, 1985.

Zona Norte e dos subúrbios do Rio esteve associada uma visão de mundo ditada por um ideário holista e refratária à penetração da psicanálise, conforme mostrou o trabalho pioneiro de Duarte (1986).

Foi com essa tradição de pesquisa em mente que delineei o universo a ser pesquisado. Os dados aqui analisados são compostos por um conjunto de 16 entrevistas em profundidade realizadas em dois momentos distintos. O primeiro é constituído por seis entrevistas realizadas com mulheres de um mesmo grupo ocupacional (professoras de língua estrangeira, que à época das entrevistas eram ou haviam sido colegas de trabalho) e quatro entrevistas realizadas com homens (seus maridos ou irmãos). Suas idades variam entre 50 e 70 anos aproximadamente. Todos os entrevistados residem em bairros da Zona Sul do Rio de Janeiro (à exceção de uma entrevistada, moradora da Barra da Tijuca).

O segundo conjunto é composto por seis entrevistas realizadas com mulheres na faixa etária entre 45 e 65 anos. Três delas são professoras de uma escola tradicional do Rio de Janeiro, duas (indicadas para entrevista pelas primeiras) têm a medicina e as artes plásticas como profissão, e a terceira ocupava, antes de se aposentar, um cargo de direção em uma empresa multinacional. Todas residem na Zona Sul do Rio de Janeiro.[13]

O livro está estruturado em cinco capítulos. O primeiro procura acompanhar o caminho percorrido pelo estudo da dádiva na teoria antropológica, expondo seu rendimento teórico e as discussões que suscitou quanto à forma de compreensão da vida social. Permanecemos aqui no terreno da perspectiva que chamei de "sistêmica". Os autores examinados são Bronislaw Malinowski, Marcel Mauss, Claude Lévi-Strauss, Pierre Bourdieu e Maurice Godelier, cujas idéias são expostas em seqüência cronológica de modo a permitir uma visão de conjunto dessa trajetória da dádiva.

O segundo capítulo é voltado para a análise da dádiva como forma de elaboração das imagens de si. A perspectiva adotada é marcadamente interacionista, com a dádiva sendo entendida em termos goffmanianos como uma estratégia de "apresentação de si" (seguindo sugestão de Cheal, 1988). Os dados analisados são dois conjuntos de relatos: o primeiro trazendo episódios envolvendo "gafes" na troca de presentes, o segundo composto por situações de trocas envolvendo maridos e esposas.

Os dois capítulos seguintes trazem discussões sobre a relação entre dádiva e emoção. O capítulo 3 examina o lugar atribuído às datas socialmente de-

---

[13] Nos capítulos 2, 3, 4 e 5, voltados para a análise desses dados, informo qual subconjunto de entrevistas foi utilizado, uma vez que não faço uso de todo o material em todos os capítulos.

finidas como ocasiões para troca de presentes — vivenciadas como uma forma de coerção — e a importância do valor monetário na capacidade do presente de expressar afeto. A idéia é discutir a representação da emoção implícita neste discurso sobre a dádiva, assinalando sua associação à noção de "liberdade individual", central para a etnopsicologia ocidental.[14]

O quarto capítulo traz um estudo sobre a forma assumida pela dádiva na relação entre patroas e empregadas domésticas. Buscando construir um "diálogo" entre o que os dois grupos dizem sobre os presentes que trocam entre si, aponto para a existência de um modelo de troca entre *pessoas* (no sentido tradicional de ocupantes de um papel social), no qual um lado — a *patroa* — oferta um objeto material esperando receber em retribuição não outro objeto, mas sim um sentimento, a gratidão. Este modelo idealizado pela patroa e rejeitado pela empregada dramatizaria a natureza do vínculo hierárquico que as une, constituindo um exemplo da análise das emoções atenta para sua dimensão micropolítica, implícita na proposta de pensá-las como uma forma de discurso.

O quinto capítulo aborda o modo como os entrevistados organizam e vivenciam as trocas de presentes na festa de Natal. Partindo das considerações feitas por Daniel Miller em sua "teoria do Natal" — na qual aponta como principal característica do Natal moderno sua condição de ritual centrado na relação pai-filho, cujo sentido fundamental seria a celebração da família —, discuto uma forma ritual privilegiada por diversos informantes para a troca de presentes em sua família: o "amigo oculto".

A discussão sobre o "amigo oculto" abre o caminho para a discussão teórica que empreendo nas considerações finais. Parto da percepção de que o ritual do "amigo oculto", ao mesmo tempo que tem um mesmo sentido fundamental para todas as famílias, é realizado de maneiras extremamente variadas. Com base nisso, procuro desenvolver as possibilidades teóricas abertas pela desconstrução daquela perspectiva sistêmica no estudo da dádiva, comentando algumas estratégias adotadas pelos entrevistados em suas trocas, que, apesar de serem, de um ponto de vista estritamente empírico, o avesso uma da outra, são regidas pela mesma lógica. A noção-chave aqui é a idéia de "gramaticalidade", tomada como uma ponte possível para a superação de uma visão rigidamente dicotômica entre o "sistema" — a cultura e seus códigos — e a "agência" — o indivíduo e suas estratégias.

---

[14] Conforme demonstrou Lutz (1988).

Capítulo 1

Os sistemas da dádiva: dom, sociedade e teoria antropológica

Este capítulo é dedicado a uma revisão bibliográfica de algumas obras dedicadas à análise da dádiva. Tendo em vista a imensidão da literatura antropológica que versa sobre a dádiva, escolhas obviamente se fizeram necessárias. Utilizei dois critérios principais. O primeiro foi escolher autores que pudessem ser alinhados de modo que o uso feito pelos trabalhos mais recentes das obras anteriores ficasse evidente. O capítulo oferece, assim, uma espécie de "história" da dádiva no pensamento antropológico, ainda que, evidentemente, devido à quantidade de obras de igual relevância não incluídas, esta "história" seja de caráter extremamente parcial.

O segundo critério utilizado foi a existência de um objetivo comum aos trabalhos, ou seja, o uso da dádiva como espaço para a formulação de teorias sobre a natureza da vida social e/ou sobre o próprio projeto antropológico de compreensão da diversidade cultural. Subjacente a este esforço, está a proposta de fazer emergir, da leitura subseqüente desses resumos, organizados em ordem cronológica de publicação das obras, uma perspectiva comum ao estudo da dádiva, que é pensá-la como um **sistema** de trocas.

Com este objetivo, as seções deste capítulo tratam dos seguintes autores: Bronislaw Malinowski, Marcel Mauss, Claude Lévi-Strauss, Pierre Bourdieu e Maurice Godelier.

Jóias, troféus e colares: Malinowski e a etnografia do *kula*

A etnografia do *kula* realizada por Malinowski em *Argonautas do Pacífico ocidental* é a "pedra fundamental" dos modernos estudos antropológicos sobre os sistemas de troca primitivos. Para além de sua importância metodológica, consensual entre os antropólogos, os *Argonautas* têm o mérito de buscar compreender o "ponto de vista nativo" acerca das trocas em que se engajam. Com isto, o trabalho de Malinowski fornece a base para repensar os dois estereótipos até então vigentes sobre o comportamento "econômico" dos "selvagens": insaciáveis e intransigentes quanto a seu desejo de posse ou realizadores da utopia ocidental de um "comunismo primitivo".

O *kula* é um longo e complexo sistema de trocas intertribais encontrado nas ilhas Trobriand. Envolve milhares de indivíduos ligados por relações diádicas de parceria, em um processo que pode eventualmente durar até dois anos. O *kula*, contudo, não é um sistema "comercial", em seu sentido tradicional de método para a obtenção dos meios necessários à subsistência; nele, trocam-se apenas dois artigos: colares e braceletes.

Esses colares e braceletes não são trocados aleatoriamente. Cada um desses "gêneros" de objetos perfaz a rota inteira do *kula*, porém em sentidos opostos. Doadores e donatários de colares e braceletes são também rigidamente definidos, de modo que, em cada dupla de parceiros, há um que oferece braceletes e outro que retribui com colares. Não se trata, contudo, de papéis estanques, pois cada nativo possui diversos parceiros (seu número variando na razão proporcional de seu prestígio): a alguns dá braceletes (e recebe colares), a outros dá colares (e recebe braceletes). Em uma imagem particularmente feliz, Malinowski (1976:83) faz uma síntese perfeita do *kula*: uma pessoa voltada para o centro do círculo em que consiste o circuito geográfico do *kula*

> com a mão esquerda recebe os braceletes e, com a direita, os colares, passando-os então adiante. Em outras palavras, o nativo constantemente passa os braceletes da esquerda para a direita e os colares da direita para a esquerda

Essas características do *kula* são, entretanto, uma construção do antropólogo, estando ausentes de qualquer explicação a seu respeito que um nativo pudesse fornecer. É evidente que os participantes conhecem os motivos, os objetivos e as regras de suas transações; o que escapa à sua percepção é o "esquema total", o "todo organizado" que constitui a instituição *kula*. O *kula* como "construção social organizada" é — como não poderia deixar de ser — o produto da reflexão etnográfica.

Em sua descrição do *kula*, Malinowski discute dois problemas centrais. O primeiro diz respeito à aparente "inutilidade" dessas transações. Os objetos trocados não têm qualquer utilidade prática, pois, além de serem enfeites corporais — colares e braceletes —, são, mesmo nesta função, pouquíssimo envergados por seus donos. Há mesmo situações-limite de peças grandes ou pequenas demais para serem utilizadas como adornos corporais, mas que são, ainda assim, valorizadas como objeto de transações no *kula*.

Apesar disso, o *kula* apaixona. Mesmo sendo apenas uma troca incessante de objetos inúteis, este conjunto de transações encontra-se no cerne da vida trobriandesa, estando associado a inúmeras outras atividades. Mitos, cerimônias e rituais mágicos gravitam em torno do *kula*, e os nativos são, como afirmou Malinowski (1976:78), "apaixonados por essas simples permutas de objetos".

Há, então, um aparente paradoxo entre a inutilidade dos objetos da troca e a paixão que suscitam. Por que, se "não são possuídos para serem usados", estes colares e braceletes são tão importantes?

Tentando responder a esta pergunta, Malinowski realiza um exercício relativista que é certamente um momento paradigmático da reflexão antropológica. Narrando uma excursão turística ao castelo de Edimburgo, Malinowski (1976:80) viu-se, em meio às explicações dadas pelo guia sobre as jóias da Coroa inglesa — usadas por este rei ou rainha, nesta ou naquela ocasião, roubadas, devolvidas, protegidas, entretanto feias, pesadas e de mau gosto —, transportado de volta às ilhas Trobriand:

> Tive então diante dos olhos a visão de uma aldeia nativa, construída sobre o solo de coral; a visão de uma pequena e frágil plataforma, armada provisoriamente sob um telhado de sapé e rodeada de homens escuros, nus, um dos quais me mostrava colares longos e finos, de cor vermelha, além de outros objetos grandes, brancos, desgastados pelo uso, feios e engordurados. Esse nativo ia-me fornecendo, de maneira reverente, os nomes de todos esses objetos, contando-me a história de cada um deles, quando e por quem foram usados, como tinham passado de dono para dono e como a posse temporária desses objetos constituía um grande sinal de importância e glória para sua aldeia.

A percepção da semelhança entre o apreço inglês pelas jóias da Coroa e o trobriandês pelas do *kula* faz com que Malinowski formule uma explicação para a paixão suscitada pelo *kula* e seus objetos. "Inúteis" de um ponto de vista econômico-pragmático, estes objetos extraem seu valor de sua capacidade de atribuir renome e prestígio a quem os possui. À semelhança dos troféus esportivos ocidentais, a posse destes objetos — ainda que temporária — é fonte de orgulho e satisfação para o indivíduo, que as "usa" para obter prestígio. Trobriandeses e ocidentais compartilhariam, então, segundo Malinowski, uma mesma "atitude mental" diante de seus objetos preciosos — sejam eles pedras, metais ou conchas.

O *kula*, então, longe de constituir um sistema de transações comerciais, seria um sistema de obtenção de prestígio e renome por meio de trocas materiais. Minuciosamente regulado em seus menores aspectos, este sistema insere os nativos em um ciclo interminável — uma vez que as parcerias são vitalícias — de trocas. Entretanto, apesar de seu caráter obviamente obrigatório, o *kula* apaixona. Como é possível viver assim, de modo tão intenso e interessado, um sistema tão "coercitivo"? Qual a consciência que os nativos têm das regras do *kula*?

O aspecto mais fecundo para esta discussão é o problema da equivalência dos presentes ofertados. Embora os parceiros no *kula* sejam fixos e vitalícios, o nativo tem liberdade para escolher, entre os objetos que recebe, qual dará a quem. Embora a etiqueta do *kula* proíba qualquer forma de pechincha ou negociação — o desrespeito à etiqueta gera críticas ácidas quanto a "tratar o *kula* como se fosse comércio" —, existe uma expectativa de uma retribuição "justa", ou seja, de valor equivalente ao presente inicialmente ofertado. Uma retribuição injusta gera mágoas e ressentimentos, mas não justifica qualquer reclamação explícita ou autoriza qualquer forma de pressão, nem possibilita, de modo algum, o rompimento da parceria. O que é, então, que garante o respeito às regras da transação?

Malinowski encontra a resposta na concepção de posse dos nativos. Para eles, "possuir é dar". Na base desta equação de natureza aparentemente paradoxal, está uma articulação estreita entre três termos: riqueza, poder e generosidade. Nela, a riqueza aparece como "o principal indício do poder", e a generosidade como principal sinal da riqueza. Dar é a maneira de mostrar riqueza, e com isto obter prestígio, renome, poder.

É evidente que esta lógica não impede a ocorrência de situações em que a retribuição é considerada inadequada, e estas situações engendram ressentimentos ou brigas eventuais. O nativo lesado, aborrecido com seu parceiro, gaba-se da própria generosidade, ofendendo-o. O ponto, contudo, é que, mesmo nestas situações de conflito, *não há regateio ou intenção de lograr*: todos concordam quanto ao valor atribuído à generosidade, eventuais discrepâncias ocorrendo quanto à forma individual de expressá-la.

Malinowski sintetiza a lógica do *kula* como regida por dois princípios básicos. O primeiro deles postula que o *kula* "é um presente retribuído, após certo período de tempo, por meio de um contrapresente, e não um escambo". O segundo reserva ao doador o direito de "estabelecer a equivalência do contrapresente, que não pode ser imposta e não pode haver regateio ou devoluções na troca".[15] Estamos diante de um sistema cujas regras básicas, ao mesmo tempo que definem direitos e deveres, postulam como direito essencial dos parceiros a liberdade de decidir como cumprir seu dever. Direitos e deveres, escolhas e liberdade: Malinowski apresenta aqui, em sua descrição do *kula*, uma primeira formulação do debate em torno do "sistema da dádiva" discutido por Marcel Mauss.

A dádiva de Mauss: uma mistura de almas e coisas

O "Ensaio sobre a dádiva" costuma ser apontado como o texto mais relevante da obra de Marcel Mauss. Consistindo em uma extensa investigação acerca das formas de troca etnografadas em três áreas principais — a Melané-

---

[15] Malinowski, 1976:86.

sia, a Polinésia e o Noroeste americano —, o "Ensaio..." apresenta uma discussão sobre as formas do direito e da economia encontradas em sociedades primitivas e arcaicas.[16] O projeto do texto é definido por Mauss como o estudo da natureza das transações humanas, com a análise da dádiva aparecendo inserida no estudo do direito e da economia. A idéia é, partindo da análise da dádiva, rastrear nos direitos primitivos e antigos o estado das categorias que o direito moderno separou, em especial o problema da separação entre coisas e pessoas.

No bojo desse projeto mais amplo, contudo, alguns outros temas aparecem. Mauss (1974:41) apresenta a noção de "fato social total", tão marcante na discussão sobre a natureza do projeto etnográfico, definindo-o como aqueles fatos nos quais se exprimem toda sorte de instituições sociais — religiosas, jurídicas, morais, econômicas —, bem como fenômenos estéticos e morfológicos. A troca é assim discutida como um fenômeno a partir do qual se poderia ter acesso aos aspectos relevantes da vida de uma sociedade, que estariam nela concentrados.

Mas o que é que constitui a troca? Como se dá a passagem de atos isolados de oferta e aceitação de bens materiais para um sistema minuciosamente regulado de trocas? Ou, em outras palavras, por que as coisas dadas são retribuídas?

O exame deste problema define os rumos da investigação empreendida por Mauss. A chave para acompanhá-lo está em uma aparente contradição apontada já no início do texto, quando, examinando um poema escandinavo, o autor afirma que "na civilização escandinava, e em muitas outras, as trocas e os contratos fazem-se sob a forma de presentes, teoricamente voluntários, mas na realidade obrigatoriamente dados e retribuídos".[17] Esta oposição entre a "teoria" e a "realidade" apresentando verdades distintas sobre a natureza da troca pode ser entendida como a síntese da análise da dádiva realizada por Mauss.

Estas duas verdades da dádiva — por um lado, transações voluntárias, vividas sob o signo da espontaneidade, e, por outro, movimentos obrigatórios, de caráter eminentemente coercitivo — são encontradas, conforme nos revela o percurso empreendido por Mauss por diversos relatos etnográficos, em inúmeros lugares. Assim, por exemplo, nas ilhas Andaman, "embora os objetos fossem vistos como presentes, esperava-se receber algo de igual valor, ficando-se irritado se o presente retribuído não correspondesse à expectativa".[18] Do mesmo modo, entre os trobriandeses, no *kula* "procura-se (...) mostrar liberalidade, liberdade e autonomia, ao mesmo tempo que grandeza. E, não

---

[16] Utilizo aqui esta terminologia — "primitivas" e "arcaicas" — repetindo o uso que dela faz Mauss.
[17] Mauss, 1974:41.
[18] Ibid., p. 70, nota 2.

obstante, no fundo, são mecanismos de obrigação, e mesmo de obrigação pelas coisas, que operam".[19]

A inquietação diante desta dupla verdade, de caráter aparentemente universal, fornece a Mauss (1974:42) as perguntas que irão conduzir sua investigação:

> qual é a regra de direito e de interesse que, nas sociedades de tipo atrasado ou arcaico, faz com que o presente recebido seja obrigatoriamente retribuído? Que força há na coisa dada que faz com que o donatário a retribua?

O modo de colocar o problema — que força há **na coisa dada** — dita os rumos da investigação. Preocupado em descobrir o que é que obriga à retribuição, Mauss vai buscar na natureza dos objetos trocados uma resposta. E encontra, na categoria maori do *hau*, aquilo que lhe parece ser a chave do problema. A categoria do *hau* é assim explicada por um sábio maori:

> Vou falar-lhe do *hau* (...) O *hau* não é o vento que sopra. Nada disso. Suponha que o senhor possui um artigo determinado (*taonga*), e que me dê esse artigo; o senhor o dá sem um preço fixo. Não fazemos negócio com isso. Ora, eu dou esse artigo a uma terceira pessoa que, depois de algum tempo, decide dar alguma coisa em pagamento (*utu*), presenteando-me com alguma coisa (*taonga*). Ora, esse *taonga* que ele me dá é o espírito (*hau*) de *taonga* que recebi do senhor e que dei a ele. Os *taonga* que recebi por esses *taonga* (vindos do senhor) tenho que devolver-lhe. Não seria justo de minha parte guardar esses *taonga* para mim, quer sejam desejáveis ou desagradáveis. Devo dá-los ao senhor, pois são um *hau* de *taonga* que o senhor me havia dado. Se eu conservasse esse segundo *taonga* para mim, isso poderia trazer-me um mal sério, até mesmo a morte. Tal é o *hau*, o *hau* da propriedade pessoal, o *hau* dos *taonga*, o *hau* da floresta.[20]

Mauss toma esta "teoria nativa da reciprocidade" como resposta para a questão da origem do caráter obrigatório da reciprocidade: as coisas dadas seriam "animadas", portando algo do doador mesmo que afastadas dele. Assim, no direito maori as almas estabeleceriam vínculos entre si por meio de coisas trocadas: "disso segue que presentear alguma coisa a alguém é presentear alguma coisa de si".[21]

Este modo de encaminhar a discussão nos permite formular três problemas centrais para o exame da análise da dádiva empreendida por Mauss: o caráter animado da coisa dada; a relação entre coisas e pessoas (e as questões daí

---

[19] Mauss, 1974:75.
[20] Ibid., p. 53-54.
[21] Ibid., p. 56.

derivadas, em especial o problema da construção do renome por meio da dádiva); e a distinção entre o sistema da dádiva e a troca mercantil. Estes três temas perpassam a análise das diversas sociedades mencionadas no "Ensaio...", e apresentam entre si uma articulação estreita.

Mauss dirige sua busca pela "força motriz" da reciprocidade para a natureza das coisas trocadas. Para ele, "a coisa dada não é coisa inerte", carregando consigo algo do doador. Esta convicção de que há "uma virtude" nas coisas trocadas que as força a circular é esmiuçada na análise do *potlatch*. As coisas de que se dispõe no *potlatch* são de natureza especial, opondo-se às coisas que são "objeto de consumo e de partilha vulgar":[22] trata-se de objetos "espirituais", dotados de uma individualidade que os prende a seu proprietário.

Em sua análise do *potlatch*, Mauss destaca como características distintivas deste tipo de "prestação" os princípios da rivalidade e da destruição de riquezas. Aí, destroem-se imensas riquezas com o objetivo de obter renome e conquistar respeito. Este tipo de troca coloca em relevo outro aspecto do sistema da dádiva: o potencial insultuoso do presente. É assim, então, que retribuir um presente recebido — e retribuí-lo de modo adequado[23] — é essencial para manter o prestígio, a honra, a autoridade.

O caráter coercitivo da troca aparece aqui em toda a sua extensão. Erigida em estratégia de construção do renome, a troca é composta por uma "tríplice obrigação": dar, receber, retribuir. Dar é essencial para obter prestígio; é preciso ostentar a fortuna por intermédio de sua distribuição. Por sua vez, receber também está longe de ser um ato voluntário; aquele que recusa a dádiva ofertada tem seu prestígio ameaçado, uma vez que recusar a dádiva tem o sentido de dar-se por vencido antecipadamente. Ao mesmo tempo, se dar é um convite à aliança, receber equivale a aceitá-la, recusar um presente sendo algo assim como uma declaração de guerra. A terceira obrigação — retribuir — completa o "sistema da dádiva", uma vez que a coisa ofertada em retribuição, em vez de "quitar" a dádiva inicial recebida, corresponde a aceitar estar em relação com o doador inicial — conforme afirma Mauss, a contraprestação equivale a uma nova primeira prestação, exigindo por sua vez uma nova retribuição.

Este ciclo de prestações e contraprestações, aparentemente incongruente se encarado como um sistema de trocas estritamente materiais, ganha sentido se retomarmos a idéia da "virtude espiritual" presente nas coisas trocadas, virtude esta que as atrela aos grupos e indivíduos engajados nessas trocas. Afinal, há muito mais em jogo do que a mera materialidade das coisas trocadas. Se os presentes podem insultar e granjear prestígio, este potencial lhes vem justa-

---

[22] Mauss, 1974:114.

[23] A idéia do que é uma retribuição "adequada" varia, obviamente, de acordo com as regras culturais que governam a troca de presentes em cada sociedade, conforme discutiremos mais adiante.

mente de sua capacidade de servir como veículos de expressão para seus doadores e donatários. Trata-se, como afirma Mauss, de uma "mistura" entre pessoas e coisas:

> Em tudo isso, há uma série de direitos e de deveres de consumir e de retribuir, correspondendo a direitos e deveres de presentear e de receber. Contudo, essa estreita mistura de direitos e de deveres simétricos e contrários deixa de parecer contraditória se pensamos que, e antes de tudo, há uma mistura de vínculos espirituais entre as coisas, que são em certa medida alma, e os indivíduos e os grupos, que se tratam em certa medida como coisas.[24]

E aqui chegamos à essência do sistema da dádiva: trata-se de uma "mistura" entre coisas e almas, entre objetos e pessoas.[25] Em várias das sociedades cujas etnografias integram a análise empreendida no "Ensaio...", a distinção entre o sistema da dádiva e o sistema mercantil é explícita. Assim, por exemplo, nas ilhas Trobriand o *kula* é claramente separado do *gimwali* (a troca econômica de mercadorias), no qual é possível regatear; já o *kula* exige liberalidade e grandeza, em um aparente desprendimento do aspecto material da coisa trocada. Da mesma maneira, o *potlatch* exige generosidade e respeito à etiqueta, com o interesse pelo ganho material imediato suscitando desprezo.

A diferença entre o sistema da dádiva e o sistema mercantil aparece aqui com toda clareza: é porque as coisas trocadas constituem veículos para a expressão das pessoas que as trocam que a dádiva deve ser entendida como um sistema de troca de natureza qualitativamente distinta do sistema mercantil, regido pela regra da impessoalidade. Confrome afirma Mauss (1974:154): "[na dádiva], tudo é etiqueta; não é no mercado, onde, por um preço, pega-se uma coisa. Nada é indiferente.

A crítica de Lévi-Strauss: um antropólogo mistificado?

Em sua "Introdução à obra de Marcel Mauss", Lévi-Strauss realiza um inventário das principais contribuições de Mauss à antropologia, destacando aí a importância do "Ensaio sobre a dádiva". Ao mesmo tempo, contudo, que presta homenagem à originalidade e relevância do projeto antropológico de Mauss, Lévi-Strauss não hesita em formular uma dura crítica à explicação proposta no "Ensaio..." para o caráter obrigatório da reciprocidade; nesta crítica, fica clara uma discordância quanto à natureza do empreendimento antropológico e do *status* a ser atribuído às "explicações nativas".

---

[24] Mauss, 1974:59.
[25] Ibid., p. 71.

Lévi-Strauss aponta como a maior contribuição teórica do "Ensaio..." a introdução da idéia de "fato social total". Esta noção estaria inserida na preocupação — expressa em outros ensaios de Mauss — em examinar, de forma integrada, as relações entre os aspectos fisiológico, psicológico e social do ser humano. A questão aqui é examinar qual o lugar atribuído ao social — e Lévi-Strauss afirma que, para Mauss, o social *é a realidade*. Mas o social só pode ser real se atender a uma dupla condição: em primeiro lugar, é preciso que esteja integrado em um sistema, que fale dos inúmeros aspectos em que a vida social pode ser decomposta (e o foi tantas vezes) pelos estudiosos. Em segundo lugar, é preciso que esteja "encarnado em uma experiência individual".[26]

A importância atribuída à experiência individual atende a uma razão metodológica. Lévi-Strauss assinala que o fato social é "tridimensional", apresentando aspectos sociológicos, históricos e fisiopsicológicos, e exigindo, portanto, um indivíduo de carne e osso no qual concretizar-se; é só através do estudo de experiências concretas individuais (o "melanésio de tal ou qual ilha" de que falava Mauss) que o fato social total seria apreensível.

O lugar estratégico ocupado pela experiência individual concreta na análise sociológica nos traz de volta, então, ao problema, tão caro a Mauss, da complementaridade entre o psíquico e o social. Para Lévi-Strauss, esta complementaridade é

> dinâmica, e provém de o psíquico ser ao mesmo tempo simples *elemento de significação* para um simbolismo que o ultrapassa, e o único *meio de verificação* de uma realidade cujos aspectos múltiplos não podem ser apreendidos fora dele mesmo, sob a forma de síntese.[27]

Esta dupla condição do psíquico está na base daquilo que é, para Lévi-Strauss, a originalidade do "Ensaio...": a busca de uma "transcendência da observação empírica" em prol de "realidades mais profundas". Entretanto, é paradoxalmente a originalidade desta busca — ou melhor, a resposta encontrada — que suscita a crítica de Lévi-Strauss.

Examinando o percurso realizado por Mauss para chegar à idéia de troca, Lévi-Strauss identifica quatro etapas. Mauss partiria de uma "certeza lógica" de que "a troca é o denominador comum de um grande número de atividades sociais aparentemente heterogêneas".[28] Entretanto, a troca não é observável empiricamente; no plano da realização concreta, o que se oferece à observação são os atos isolados que constituem as "três obrigações": dar, receber, retribuir. Como conciliar, então, a necessidade lógica da troca com sua inexistência empírica?

---

[26] Lévi-Strauss, 1974:14.
[27] Ibid., p. 15-16.
[28] Ibid., p. 24.

Mauss resolve o problema introduzindo a idéia de que haveria uma "virtude" inerente às coisas trocadas que as forçaria a circular. Esta solução, contudo, é parcial, suscitando um novo problema: de onde adviria essa virtude? Na impossibilidade óbvia de atribuí-la a uma propriedade física inerente aos objetos trocados, Mauss recorre à teoria nativa maori do *hau*, considerando-o como, nas palavras de Lévi-Strauss (1974:24), "a quantidade suplementar que, adicionada à mistura, dá a ilusão de completar o todo social". E é aí — neste lugar atribuído ao *hau* — que reside o "pecado" de Mauss: deixar-se mistificar pelo nativo. O *hau* — entendido por Mauss como aquilo que força as coisas a circular, a "propriedade mágica" das coisas trocadas de carregar em si algo de seu doador — não é, para Lévi-Strauss, nada além de um documento etnográfico, uma teoria nativa ("infinitamente interessante, mas bem pouco satisfatória").

Nesta crítica ao lugar atribuído por Mauss às "explicações nativas" esboça-se uma concepção do projeto etnográfico. Entendendo que "o *hau* não é a última razão da troca: é a forma consciente pela qual os homens de uma sociedade determinada, onde o problema tinha particular importância, apreenderam uma necessidade inconsciente cuja razão está alhures", Lévi-Strauss (1974:25-26) define categoricamente uma convicção acerca do *status* devido às percepções nativas no projeto antropológico. Para ele (1974:26), o que "os interessados (...) acreditam pensar ou fazer está sempre muito afastado do que pensam ou fazem efetivamente". O projeto de investigação etnográfica visa então alcançar uma "realidade subjacente", inconsciente na mente nativa e acessível preferencialmente através do exame das instituições e da linguagem — as "estruturas mentais inconscientes", vias de acesso mais adequadas para a busca daquela realidade subjacente do que as "elaborações conscientes" da mente nativa.

A despeito dessa discordância, o "Ensaio sobre a dádiva" desempenhou um papel central na formulação do problema do lugar ocupado pela reciprocidade na formação da cultura. Em seu estudo *As estruturas elementares do parentesco*, Lévi-Strauss toma o "Ensaio..." como ponto de partida para discutir os mecanismos e a lógica da reciprocidade, estendendo-os mais tarde à troca de mulheres entre os grupos sociais.

Lévi-Strauss principia por afirmar ser a instituição do *potlatch* — que define como tendo três funções essenciais: retribuir presentes recebidos, reivindicar prestígio e superar rivais — um "modelo cultural universal", cuja característica principal seria proceder à transmissão de bens sem o objetivo de obtenção de vantagens econômicas. As trocas realizadas sob a lógica do *potlatch* teriam um caráter "supra-econômico", com o "lucro" eventual sendo de ordem alheia à econômica, e traduzindo-se em outras "moedas": poder, prestígio, afeto.

Este tipo de troca, contudo, não seria exclusivo das sociedades primitivas, aparecendo sob algumas formas nas sociedades modernas. Assim, nestas haveria objetos — de natureza em geral supérflua — definidos como especialmente próprios para serem trocados como presentes, cuja obtenção ou consumo deve-se realizar sob o signo da troca.

Lévi-Strauss assinala também a existência, nas sociedades modernas, de ocasiões e rituais associados a estas trocas não-econômicas. Para ele, a troca de presentes no Natal pode ser vista como "um gigantesco *potlatch*", em que os orçamentos familiares são abalados, o prestígio familiar é medido pela quantidade e luxo dos cartões recebidos e riquezas são desperdiçadas, sob a forma do acúmulo de presentes duplicados e inúteis.

Uma pequena tradição encontrada no Sul da França ilustra ainda melhor a presença do "sistema da dádiva" nas sociedades modernas. Explorando a possibilidade de entender as refeições como regidas pela mesma lógica da dádiva — por exemplo, no fato de os alimentos "de luxo", ou seja, desnecessários para a satisfação das necessidades fisiológicas, serem comumente reservados para as refeições compartilhadas —, Lévi-Strauss examina o hábito francês de, em pequenos restaurantes onde as mesas são compartilhadas por estranhos, a garrafa de vinho ofertada pela casa ao freguês ser oferecida à pessoa com quem se compartilha a mesa, a qual, por sua vez, retribuirá com seu próprio vinho, também recebido da casa. É evidente que, do ponto de vista econômico, tal troca não faz qualquer sentido: doador e donatário dão e recebem um do outro estritamente a mesma coisa, na mesma quantidade. O que os impele então a trocar? É que, como diz Lévi-Strauss (1982: 99), "na troca há algo mais do que coisas trocadas".

Esta pequena tradição francesa, ainda que de aparência irrelevante, é para Lévi-Strauss extremamente reveladora, pois que ilustra o processo de formação de um grupo. Do ponto de vista da interação social, dois estranhos sentados à mesma mesa durante uma refeição encontram-se em um "estado de tensão", provocado pela coexistência entre a "norma da solidão" e o "fato da comunidade". A troca do vinho permite escapar à tensão provocada por esta situação, instaurando um clima de cordialidade em substituição à indiferença. A exigência da retribuição do oferecimento inicial — sob pena de instauração de um ambiente hostil — dá início a "uma cascata de pequenos vínculos sociais", gerando outras "ofertas", entre as quais, a conversa.

A troca do vinho no Sul da França pode ser assim examinada como um "fato social total", em que, apesar da escala microscópica, condensam-se diversos aspectos da vida social. Basicamente, o que esta pequena tradição nos ensina é que a vida social — a relação de um grupo com outro — encontra duas formas básicas possíveis: a luta ou a troca. Com o outro grupo "bom", estabelecem-se alianças, expressas sob a forma da troca; com o outro grupo "mau", estabelecem-se rivalidades, expressas sob a forma da luta. Trata-se, mais uma vez, conforme afirmava Mauss no "Ensaio...", das duas opções disponíveis para dois grupos que se encontram: a festa ou a guerra.

A análise de Lévi-Strauss prossegue na direção da proibição do incesto. Sua sugestão é que a proibição do incesto segue o modelo do sistema da dádiva. Não se trata, contudo, de uma derivação, mas antes de uma semelhança lógica, pois que o sistema da dádiva e a proibição do incesto compartilhariam um traço comum: a reciprocidade obrigatória, elemento essencial de constituição da cultura.

Pois há coisas que só podem ser obtidas sob a forma da dádiva ("dons recíprocos"): destas, a mais fundamental — o "presente supremo" — seria a mulher.

Os estudos sobre a dádiva justificam aqui toda a sua relevância. É dela que Lévi-Strauss parte para construir seu modelo da cultura, fundado na reciprocidade obrigatória. Esta análise, por sua vez, ilustra bem o projeto antropológico de Lévi-Strauss: a identificação das "realidades subjacentes" às ações individuais, somente apreensíveis através das "estruturas mentais inconscientes", uma vez afastadas as "elaborações conscientes" da mente nativa. Opondo-se à visão maussiana da dádiva — à qual se refere como "fenomenológica" —, Lévi-Strauss nos oferece uma concepção da dádiva focada no exame de sua lógica implícita: a reciprocidade obrigatória como mecanismo necessário de constituição dos vínculos sociais.

Duas mediações: Pierre Bourdieu e Maurice Godelier

Bourdieu: a "dupla verdade" da dádiva

Em sua discussão sobre a "teoria da prática", Bourdieu parte da crítica de Lévi-Strauss à abordagem fenomenológica de Mauss sobre o sistema da dádiva para elaborar um modo de conhecimento teórico capaz de integrar a percepção que o agente tem de sua prática com a lógica que lhe é subjacente (o "modelo inconsciente" de Lévi-Strauss).

Para Bourdieu, a essência da oposição entre as visões de Mauss e Lévi-Strauss quanto ao presente estaria no fato de que o primeiro discute o presente tal como é vivenciado, enquanto o segundo o examina de fora de sua inserção na experiência cotidiana. A discrepância destas duas percepções reside no fato de que o presente, para quem o vivencia, é "irreversível" — isto é, espontâneo e desinteressado —, ao passo que, para quem observa de fora a lógica que rege sua troca, o presente é "reversível", isto é, forçado e motivado pelo interesse.

Entretanto, para que o presente possa realizar sua natureza enquanto "ato de comunicação", é preciso levar em conta a resposta que suscita, mesmo que esta possa eventualmente frustrar a expectativa contida em sua oferta. Se o sentido último do presente é um "convite à parceria", uma proposta de estabelecimento de um vínculo entre doador e donatário, seu significado só se concretiza na reação do donatário, ainda que sob a forma de uma recusa.

Esta necessidade de levar em conta a reação suscitada para a compreensão do sentido da dádiva acaba por inserir a análise da troca em um eixo temporal. Segundo Bourdieu, o presente é, simultaneamente, reversível e irreversível, a verdade do modelo devendo necessariamente escapar à verdade da experiência. O ponto-chave está no esforço de conciliação destas duas versões: "nativa" e "teórica". Para Bourdieu (1977:5), "a estrutura temporal da troca de presentes, ignorada pelo objetivismo, é o que torna possível a coexistência de duas verdades opostas, a qual define a verdade plena do presente".

O intervalo necessário entre a dádiva e a contradádiva seria, então, aquilo que permite a conciliação entre a visão "nativa" do presente como espontâneo e desinteressado e a visão "externa" do presente como obrigatório e calculista. O tempo decorrido entre receber e retribuir — tempo este, de resto, prescrito pelas regras do sistema da dádiva — seria aquilo que permitiria ao nativo "auto-enganar-se" quanto ao caráter coercitivo da troca, facultando-lhe viver como espontâneo um ato que, se retribuído imediatamente, seria vivenciado como obrigatório — como "escambo" em vez de "troca de presentes". Isto ocorre justamente porque o sistema da dádiva supõe uma incerteza quanto à forma e ocasião da retribuição e, em última análise, quanto à sua própria ocorrência — incerteza esta que faculta sua vivência como espontânea e desinteressada. Assim, intervalo e incerteza completam-se para diferenciar a dádiva de seus vizinhos: o escambo, por um lado, e o contrato, por outro.

Esta lógica que coloca o intervalo obrigatório entre dádiva e contradádiva no cerne da conciliação entre as "duas verdades" da dádiva promovida por Bourdieu é sintetizada com perfeição em sua citação de La Rochefoucauld: "a pressa exagerada em cumprir suas obrigações é uma forma de ingratidão".[29]

Mas qual é o projeto sociológico implícito nesta preocupação com a conciliação das "duas verdades" da dádiva, e que encontra, nesta conciliação, sua verdade fundamental?

O conceito central para o entendimento da forma como a troca de presentes se processa é o de "disposição" — as "estruturas incorporadas" pelos agentes que orientam suas ações. A noção de "disposição" integra o conceito de *habitus*, proposto por Bourdieu como

> um sistema de disposições (...), estruturas estruturadas predispostas a funcionar como estruturas estruturantes, isto é, como princípios de geração e estruturação de práticas e representações que podem ser objetivamente "reguladas" e "regulares" sem ser, de modo algum, o produto de obediência a regras, adaptadas objetivamente a suas finalidades sem pressupor uma mira consciente para determinados fins ou um domínio expresso das operações necessárias para atingi-los, e, sendo tudo isto, coletivamente orquestradas sem ser o produto da ação orquestrante de um regente.[30]

As noções de *"habitus"* e "disposição" são essenciais para o entendimento da análise da dádiva proposta por Bourdieu, na medida em que possibilitam a síntese entre a "verdade do modelo" — o presente obrigatório — e a "verdade da experiência" — o presente espontâneo. Trata-se, assim, de um "auto-engano" individual sustentado por um "auto-engano" coletivo, uma vez que a generosida-

---

[29] Bourdieu, 1977:13.
[30] Ibid., p. 72, tradução minha.

de que impele à dádiva ancora-se na suposição do doador de que seu ato generoso será compreendido como tal e recompensado — ou seja, a atitude generosa está baseada em um conjunto de "expectativas coletivas" (para voltarmos a Marcel Mauss), sendo, como afirma Bourdieu (1996:9), uma "disposição do *habitus*". Trata-se, assim, de uma forma de conceber a ação social como ditada não pela consciência ou pela intenção, mas pelas disposições que constituem o *habitus*.[31]

Bourdieu completa sua análise da dádiva procurando vinculá-la à economia dos bens simbólicos e mostrando como sua lógica — baseada na recusa do interesse e do cálculo — é refratária a uma economia marcada pelo "toma lá, dá cá", característica do Ocidente moderno. Nesta economia baseada em uma disposição calculista, que entende a ação como motivada pelo cálculo e pelo interesse racionais, a dádiva torna-se inconcebível, uma vez que sua verdade última estaria em sua natureza alheia às considerações sobre as motivações calculistas e interessadas. Para Bourdieu (1996:12), trata-se de um "ato situado para além da distinção entre obrigação e liberdade, escolha individual e pressão coletiva, desinteresse e interesse".

Godelier: a dádiva no registro do imaginário[32]

Uma revisão da crítica de Lévi-Strauss à suposta "mistificação" pelo discurso nativo de que Mauss teria sido vítima é também a forma como Godelier vem se colocar no debate antropológico sobre a dádiva. Em seu *O enigma do dom*, Godelier rastreia a trajetória do "Ensaio..." na literatura antropológica, fazendo do modo de articulação entre os registros imaginário e simbólico na vida social o eixo teórico norteador de seu trabalho.

As origens do livro são definidas pelo autor como provenientes de dois contextos. O primeiro deles, "sociológico", refere-se a uma espécie de "diagnóstico" desencantado sobre as condições do trabalho e da sobrevivência individuais no Ocidente de hoje. O segundo, "profissional", retraça a história de seu encontro com o "Ensaio..." e com as teorias lévi-straussianas sobre a centralidade da troca para a vida social, e relata o modo como o trabalho de campo realizado na Melanésia entre os baruya o fez repensar algumas idéias originalmente norteadoras de seu projeto de pesquisa. Entre essas idéias, estavam: a noção (atribuída a Mauss) de que a lógica dos dons e contradons culmina com o *potlatch*; a concepção lévi-straussiana de que a sociedade está fundada na tro-

---

[31] Bourdieu, 1996:7.
[32] Uma primeira versão desta seção foi publicada originalmente sob a forma de uma resenha do livro *O enigma do dom* (Coelho, 2002a).

ca; a convicção (também lévi-straussiana) de que o simbólico tem primazia sobre o imaginário e sobre o real.

O encontro entre estes dois contextos veio, segundo Godelier, da leitura do livro de Annette Weiner, *Inalienable possessions: the paradox of keeping-while-giving*, da qual emergiu a percepção de que havia um fato essencial no fenômeno da dádiva que teria sido negligenciado por Mauss e pelos que o seguiram: o fato de que há objetos subtraídos da esfera da troca, que devem ser guardados ao invés de dados ou vendidos. Godelier empreende, então, uma releitura dos teóricos da dádiva à luz desta idéia fundamental.

O ponto de partida deste trajeto é uma extensa e minuciosa releitura do "Ensaio sobre a dádiva" e de alguns de seus comentadores. Duas são as inquietações que guiam Godelier nesta empreitada: a menção feita por Mauss à existência de uma "quarta obrigação" — dar aos deuses —, obrigação esta em seguida negligenciada, e a concentração de suas reflexões sobre a terceira obrigação — restituir —, como se dar e receber fossem obrigações auto-evidentes.

Godelier parte — assim como outros teóricos antes dele — do exame da resposta dada por Mauss ao problema da obrigação da reciprocidade: a famosa utilização da explicação maori sobre o *hau*, ou seja, a crença na existência, na coisa dada, de algo animado que a incitaria a voltar a seu proprietário e doador original. Recordando seu entusiasmo diante do primeiro contato com a crítica feita por Lévi-Strauss à utilização maussiana desta "teoria nativa", Godelier revê este entusiasmo inicial, elaborando um comentário crítico das teses lévi-straussianas acerca da centralidade da troca para a vida social baseado nas formas de articulação entre as dimensões imaginária e simbólica da existência humana.

A ênfase de Lévi-Strauss nas estruturas mentais inconscientes que jazeriam escondidas embaixo do emaranhado de práticas e representações nativas do dom enseja a primeira crítica de Godelier. Os "significantes flutuantes", para Godelier, se nada dizem sobre o mundo, "dizem muito sobre os homens que os pensam".[33] O que faltaria à obra de Lévi-Strauss seria uma "teoria sociológica do simbólico", ou seja, sua convicção na existência de "estruturas mentais inconscientes" de caráter universal presentes no pensamento humano desviaria, pará Godelier, a atenção devida à diversidade das formas culturais.

O problema teórico subjacente a esta postura, e que irá se constituir no principal ponto de afastamento de Godelier em relação a Lévi-Strauss, é o modo como é pensada a articulação entre os registros simbólico e imaginário da vida humana. Para Godelier, o pensamento de Lévi-Strauss caracteriza-se por um deslocamento do interesse pelo real e pelo imaginário para o simbólico. Este, domínio das relações lógicas que estruturam o pensamento humano e a vida social, pertencentes ao terreno do inconsciente, é em sua obra entendido como o registro predominante. É a inversão desta relação — com o imaginário enten-

---

[33] Godelier, 2001:39.

dido como o registro dotado de primazia — que orienta as críticas de Godelier e fundamenta as teses de seu livro. É através do imaginário — do modo como os homens imaginam as relações entre si e com a dita "natureza" — que Godelier aborda o dom. Para ele, os objetos trocados — e aqueles guardados — seriam "materializações" do imaginário, condição necessária para que este registro da vida humana "fabrique sociedade".

Acompanhando Jean-Joseph Goux, Godelier lembra que estes três registros já haviam sido formulados pelos pensadores clássicos da economia política, a propósito da natureza do dinheiro. Godelier vale-se da discussão sobre o papel desempenhado pelo ouro na economia de mercado para voltar à oposição entre bens alienáveis e inalienáveis, segundo ele presente em um Mauss "esquecido".

É no resgate deste Mauss "esquecido" que residiria, para Godelier, o mérito e a importância da obra de Annette Weiner citada. Nela, haveria duas idéias fundamentais: a percepção da importância das mulheres no exercício do poder e a presença de restrições à circulação de objetos, com a existência de coisas que se deve guardar, pois que sustentam as diferenças de identidade entre os grupos. Esta segunda idéia norteia a análise de Godelier, que dela se vale para pôr em xeque as teorias lévi-straussianas a respeito da centralidade da troca para a vida social. Godelier afirma que, ao contrário, o social deve ser entendido como a interdependência entre estas duas esferas, sua fórmula sendo "guardar para (poder) dar, dar para (poder) guardar".[34]

Sua estratégia para desenvolver esta tese consiste em retomar o "Ensaio..." à luz de um estudo de caso de troca não-agonística de dons e contradons, encontrado entre os baruya, com os quais o autor realizou seu primeiro trabalho de campo. A proposta é "completar" a análise de Mauss, tendo como diretriz a seguinte questão: por que o contradom não anula a dívida contraída pela aceitação de um dom?

Voltamos aqui ao problema fundamental da obrigação da reciprocidade. Para Godelier, a resposta está no fato de que a coisa dada não se afasta totalmente do doador, "dar de volta" não significando "devolver", uma vez que o deslocamento do objeto inaugurou um fato novo: uma relação entre as partes envolvidas no ato da troca. A "força" da coisa dada, contudo, que a "obrigaria a retornar", não seria um fenômeno de natureza animista, como parece sugerir o uso feito por Mauss do depoimento maori. Para Godelier, Mauss vê a inalienabilidade e a obrigação de retribuir como fenômenos de natureza essencialmente espiritual e religiosa, e é aí que suas teses se afastam. Segundo Godelier (2001:72), "o que a religião faz não é impor um caráter inalienável às coisas comuns, mas impor um caráter sagrado à interdição de aliená-las".

Após uma extensa e minuciosa revisão dos debates suscitados pelas releituras e comentários do "Ensaio...", Godelier extrai da análise de um vasto

---

[34] Godelier, 2001:58.

conjunto de dados etnográficos uma conclusão parcial acerca das naturezas diversas entre os objetos sagrados e os objetos preciosos. Os primeiros seriam objetos "que se devem guardar, e não dar", enquanto os segundos seriam objetos "que se dão e ao mesmo tempo se guardam".[35] Em todos os lugares examinados, a inalienabilidade se justificaria pela crença na existência, no objeto, de algo de natureza espiritual que o mantém ligado à pessoa que o dá. Para Godelier, essa crença seria a forma assumida "pela inalienabilidade em um mundo onde os homens crêem que as realidades visíveis são habitadas e comandadas por forças invisíveis, seres que são maiores que os homens mas se parecem com eles".[36]

Neste ponto surge a questão-chave desse livro de Godelier: por que a humanidade, ciente do fato de que os objetos não se deslocam sozinhos, tudo faz para ignorá-lo? Formulando sua resposta para o problema, Godelier busca demarcar sua posição em meio ao debate teórico sobre a natureza da vida social, explicitando uma divergência em relação a Lévi-Strauss e colocando-se em um lugar de continuidade — porém somente até certo ponto — em relação à obra de Mauss.

Para Godelier, o movimento dos objetos deve-se à vontade dos homens, animada "por forças subjacentes, necessidades involuntárias, impessoais, que *agem em permanência* sobre os indivíduos".[37] Este movimento seria a forma pela qual a sociedade se recria, independentemente da "forma e grau de consciência" dos atores individuais. Neste sentido, afasta-se de certo modo de Mauss — na medida em que a crença em algo animado no objeto trocado não é a explicação última da troca — e de maneira mais radical de Lévi-Strauss —, uma vez que busca a dimensão sociológica da troca, e não suas supostas razões inconscientes, universais e atemporais. Para ele, "o simbólico torna visível o sistema, o 'comunica', mas não é sua fonte última, não o fundamenta".[38]

Esta revisão do debate suscitado ao longo da história da teoria antropológica pela análise maussiana da dádiva termina com a postulação, por Godelier, de duas "funções": uma para o dom, outra para a crença no caráter animado da coisa dada. A função do dom seria "amplificar" a presença das relações sociais na consciência dos sujeitos. Já a crença na alma das coisas teria por propósito sacralizar as pessoas e as relações sociais. O efeito final seria uma transformação radical no modo como os homens se percebem: ao invés de atores, seriam "atuados" pelos objetos.

Mauss teria, então, incorrido no erro fundamental de tomar o modo como nativos vivenciam a obrigação da retribuição como causa última desta obrigação. Embora compartilhando com Lévi-Strauss esta crítica, Godelier dele se

---

[35] Godelier, 2001:155.
[36] Ibid.
[37] Ibid., p. 157, grifo do autor.
[38] Ibid., p. 159.

afasta devido à primazia que, no desenvolvimento de sua crítica à Mauss, Lévi-Strauss acaba por atribuir ao simbólico: para Godelier, é o mundo do imaginário que surge neste tipo de crença, e é para ele que o antropólogo deve voltar sua atenção.

Godelier empreende uma análise acerca da natureza dos objetos sagrados, mostrando como estes são, ao mesmo tempo, substitutos dos homens e dos deuses. Em sua origem, estariam "duplos imaginários" do homem real, seres a eles semelhantes porém dotados de poderes superiores. Os objetos sagrados seriam, assim, "uma síntese do real e do imaginário que compõem o ser social do homem",[39] em um processo de materialização cuja essência consiste em esconder a própria existência, garantindo a "opacidade" necessária à manutenção da sociedade.

Após esgotar a análise das trocas entre os baruya, Godelier retorna ao exame dos objetos preciosos, e afirma terem eles duas características: serem inúteis do ponto de vista da sobrevivência e serem "abstratos", características que seriam uma condição para que estes objetos servissem de suportes materiais de projeções imaginárias, podendo "materializar" relações sociais e sistemas de pensamento.

Estaríamos, dessa maneira, diante de uma espécie de "clivagem" da realidade humana, em que a materialização, nos objetos trocados, de relações imaginárias teria por função atender à necessidade das sociedades de fazer desaparecer, da consciência individual, a presença ativa do homem em sua própria origem. A função do imaginário seria, portanto, fornecer aos homens uma versão sacralizada de suas próprias leis e costumes, aureolando-as, assim, de uma autoridade proveniente do obscurecimento de sua origem marcada pela mão humana.

---

[39] Godelier, 2001:207.

Capítulo 2

"Um presente que é a sua cara": dádiva e apresentação de si

A proposta deste capítulo é analisar as formas de construção das imagens de si por intermédio da troca de presentes. O ponto central é o modo como as trocas materiais consistem em veículos para a "elaboração da face" (para usar a expressão consagrada de Erving Goffman).

Com esse objetivo, analiso dois conjuntos de dados.[40] O primeiro consiste em alguns episódios relatados de "gafes", entendidas aqui como situações narradas pelos entrevistados que, a seu ver, desrespeitaram alguma regra do código que norteia as trocas de presentes em seu meio, com isso provocando sentimentos de embaraço, irritação etc. A idéia é perceber de que modo estas situações ajudam a elucidar como os indivíduos recorrem à dádiva como forma de elaboração de suas imagens.[41]

O segundo conjunto é composto por episódios referentes a dádivas trocadas entre maridos e mulheres. Sua análise tem por objetivo examinar uma forma específica de elaboração das imagens de si através das trocas materiais, forma essa perpassada pela vivência dos papéis de gênero. Analiso a existência de lógicas distintas para homens e mulheres no ato de presentear, procurando mostrar, por meio do exame de seus discursos, como as dádivas trocadas são

---

[40] O material analisado neste capítulo é o primeiro conjunto de entrevistas mencionado na introdução. Estas entrevistas foram realizadas na primeira fase do projeto (1997-2000).
[41] Uma primeira versão da análise destes dados foi publicada em um número monográfico da revista *Palavra* (Departamento de Letras da PUC-Rio) dedicado ao campo da sociolingüística interacional, estando voltada para uma reflexão sobre as possibilidades de diálogo entre esta área e as ciências sociais (Coelho, 2002c).

uma forma de dramatização de seus papéis de gênero. O foco está nas trocas realizadas no âmbito do casal, ou seja, entre maridos e esposas.[42]

Pressupostos teóricos: dádiva, linguagem e apresentação de si

O interesse suscitado pela dádiva deve-se, entre outras razões, à quantidade de temas cuja discussão possibilita. Entre estes diversos temas, dois nos interessam neste capítulo mais de perto: a relação entre prestígio e trocas materiais e a capacidade de os objetos trocados dramatizarem a natureza do vínculo doador-receptor.

Presente já na análise feita por Malinowski do *kula* trobriandês, é, contudo, no ritual do *potlatch* que o tema da relação entre prestígio e trocas materiais aparece com maior nitidez. É na investigação do *potlatch* que Mauss desenvolve sua já comentada formulação acerca da "tríplice obrigação" embutida na dádiva: dar, receber, retribuir. Para ele, é por meio dessas três obrigações — dando adequadamente, aceitando com propriedade, retribuindo condignamente — que o indivíduo constrói seu renome por intermédio das trocas materiais. Conforme assinala Mauss (1974:128-129, grifos do autor):

> A circulação de bens segue a dos homens, das mulheres e das crianças, dos banquetes, dos ritos, das cerimônias e das danças, e até mesmo a das pilhérias e injúrias. No fundo, ela é uma só. Se se dão e se retribuem as coisas, é porque *se* dão e *se* retribuem "respeitos" — dizemos ainda "gentilezas". Mas é também porque o doador *se* dá ao dar, e, ele *se* dá, é porque ele *se* "deve" — ele e seu bem — aos outros.

O segundo tema que destacamos no "Ensaio..." aparece já aqui: a capacidade de os presentes trocados dramatizarem a natureza do vínculo entre doador e receptor. O sistema da dádiva engendra formas específicas de expressão da natureza da relação entre pessoas por meio das coisas trocadas (retomando um tema clássico, já discutido na teoria marxista, acerca do fetichismo da mercadoria sobre a relação entre homens e coisas trocadas). Novamente nas palavras de Mauss (1974: 71):

> No fundo, são misturas. Misturam-se as almas nas coisas; misturam-se as coisas nas almas. Misturam-se as vidas, e é assim que as pessoas e as coisas misturadas saem cada qual de sua esfera e se misturam: o que é precisamente o contrato e a troca.

---

[42] Discuti este tema da elaboração das identidades de gênero por meio da dádiva inicialmente no contexto do Simpósio "Discurso, Identidade e Sociedade", realizado na PUC-Rio em maio de 2001. Uma primeira versão da análise aqui apresentada foi publicada em uma coletânea de textos então apresentados (Coelho, 2002b).

O princípio básico de construção de renome e obtenção de prestígio por meio dos objetos doados/recebidos obedece, logicamente, a regras ditadas pelas posições relativas ocupadas pelos indivíduos envolvidos na troca na hierarquia social. Assim, a adequação das ocasiões, dos parceiros e objetos está subordinada a uma gramática que regula as escolhas individuais. É nesse sentido que as trocas materiais podem ser pensadas como estratégias de comunicação, consistindo, portanto, em uma linguagem. É como se, parafraseando os modelos empregados pelas teorias clássicas da comunicação, pudéssemos perguntar a respeito dos presentes trocados: "quem dá o que para quem com que efeito?"[43]

Esta visão das regras que norteiam as trocas de presentes vem orientando trabalhos recentes acerca dos sistemas de trocas encontrados em sociedades complexas contemporâneas. É seguindo esta pista que Hendry, em um estudo sobre a importância atribuída pelos japoneses às embalagens dos presentes, faz destas uma espécie de "porta de entrada" para o exame da cultura japonesa, por ela alcunhada de "cultura da embalagem" (*wrapping culture*). Discutindo as regras que governam o ato de embalar no Japão — em especial a exigência de diversas camadas de embalagens para que o presente possa ter uma "apresentação" adequada à expressão de apreço pelo receptor —, Hendry sugere a possibilidade de aproximação entre estas regras e a linguagem honorífica japonesa (*keigo*): "Neste sentido, ao expressar consideração, polidez e determinados sentimentos apropriados, as embalagens lingüística e material podem muito bem estar fazendo mais uma vez exatamente a mesma coisa".[44]

Miller (1993), por sua vez, empreendendo uma audaciosa comparação entre as regras que orientam as trocas de presentes nos Estados Unidos de hoje e no universo das sagas islandesas,[45] discute a complexidade destas regras em suas inúmeras sutilezas. Analisando algumas situações — presentes e cartões trocados pelas crianças no Dia dos Namorados (*Valentine's Day*), convites para jantar, lojas especializadas em presentes — o autor discute a exigência de uma "competência social" para o manuseio das regras da troca. Assim é que critérios tais como quando, a quem, o que, de que preço e o que dizer são essenciais para evitar mal-entendidos. O pressuposto aqui é que todo presente carrega — como de resto, qualquer mensagem lingüística *stricto sensu* — um "potencial de insulto", do qual caberia ao indivíduo desprovê-lo por meio de uma utilização habilidosa das regras que orientam sua oferta. No dizer de Miller:

---

[43] Na formulação original de Lasswell: "quem diz o que em que canal para quem com que efeito?" (Lasswell, 1975).
[44] Hendry, 1995:64, tradução minha.
[45] É importante repetir aqui a ressalva do autor quanto aos limites de uma comparação desse tipo: seu alcance restringe-se à dimensão interativa dessas trocas, sendo os espaços respectivos ocupados por estas no sistema econômico das duas sociedades de ordens inteiramente diversas.

O notável nestas práticas é seu grau de complexidade, suas nuances, suas texturas infinitamente variadas; mas ainda mais notável é que todos nós sabemos (uns mais, outros menos) como negociar esta complexidade, uma complexidade tão complicada quanto a própria linguagem.[46]

Os objetos dados e recebidos apresentam, assim, a capacidade de funcionar como veículo para a expressão individual, comunicando emoções e elaborando imagens dos indivíduos envolvidos na troca. Encaradas por esta perspectiva, as trocas de presentes chamaram a atenção de vários autores de orientação teórica marcadamente interacionista. É o caso de David Cheal, que, seguindo a trilha aberta por Goffman, aponta serem os presentes uma forma de construção da auto-imagem:

> Aqui vemos muito claramente que a troca de presentes não é apenas um processo de troca de bens. É também um processo de manipulação de impressões, através do qual os indivíduos buscam manter determinadas definições de seus presentes, e deste modo de si mesmos.[47]

Em seu estudo sobre a psicologia social do presente, Schwartz (1973) segue este mesmo caminho, adotando também um viés de inspiração interacionista para refletir sobre a dádiva. Partindo das discussões propostas por Simmel sobre a sociabilidade e por Goffman sobre a "regra da irrelevância", Schwartz problematiza o lugar atribuído por esses autores ao conteúdo nas interações. Seu ponto de partida é mostrar os limites, no caso da dádiva, tanto da concepção simmeliana do conteúdo como irrelevante para a sociabilidade (entendida, por isso mesmo, como a forma mais pura da sociação) quanto da visão goffmaniana do conteúdo de um jogo como "autosuficiente". Para Schwartz, a oferta de um presente é uma "imposição de identidade", sendo "uma das formas pelas quais as imagens que os outros fazem de nós em sua mente são transmitidas".[48]

O autor desenvolve seu argumento apresentando diversos exemplos retirados da "gramática" norte-americana do presentear, por exemplo, os brinquedos de guerra ofertados aos meninos, entendidos como uma forma de socialização em uma concepção de masculinidade. Um segundo exemplo, também associado às concepções de masculinidade, seria a distribuição, pelo pai de um recém-nascido, de charutos a seus amigos. Este exemplo nos conduz à percepção de que a "imposição de identidade" não se refere somente ao receptor, mas envolve também a elaboração de si do doador. Nas palavras de Schwartz:

---

[46] Miller, 1993:49, tradução minha.
[47] Cheal, 1988:53, tradução minha.
[48] Schwartz, 1973:175, tradução minha.

O presente impõe uma identidade tanto sobre o doador quanto sobre o receptor. Por um lado, os presentes, conforme observamos, são freqüentemente dados em consonância com o caráter do receptor; ainda assim, esses presentes revelam um segredo importante: a idéia que o receptor evoca na imaginação do doador. (...) De fato, a troca de presentes é um modo de realizar livres associações sobre o receptor em sua presença e às vezes na presença dos outros.[49]

Para Schwartz, dar presentes seria, então, uma estratégia possível de construção da própria identidade, através da exposição pública das nossas "idéias dos outros", as quais, quando divulgadas, seriam autodefinidoras, em um processo de *objetificação* da identidade. Este, contudo, teria mão-dupla: o receptor, ao aceitar um presente, estaria neste mesmo movimento aceitando uma definição de sua própria identidade (sua contrapartida lógica sendo a rejeição de uma imagem de si através da recusa do presente que a objetifica).

É este conjunto de idéias que orienta a análise que se segue.

Gafes e construção das imagens de si

Entre os temas que compunham o roteiro das entrevistas realizadas, havia uma solicitação para que o entrevistado relatasse histórias de presentes marcantes, dados ou recebidos, agradáveis ou desagradáveis. Entre os tipos de histórias pedidas, havia a da "gafe": presentes, dados ou recebidos, que tivessem gerado algum tipo de constrangimento ou embaraço, no entrevistado ou em seu interlocutor. Alguns entrevistados disseram nunca haver vivido ou presenciado situações desse tipo.[50] Outros, contudo, relataram pequenos episódios envolvendo a oferta de brincos para mulheres cujas orelhas não são furadas ou de roupas de numeração inadequada ao corpo do receptor. Uma entrevistada, por exemplo, por ocasião de uma viagem em que fora visitar uma amiga e seus filhos (segundo ela "muito gordos", e a quem não via já há algum tempo), relatou ter levado camisas de presente para eles. Lá chegando, constatou que tinham emagrecido muito e que as camisas eram agora excessivamente grandes.[51]

---

[49] Schwartz, 1973:176, tradução minha.
[50] Entretanto, histórias desse tipo apareciam eventualmente de modo espontâneo como uma história de um presente "desagradável" ou então inserida em outro trecho da entrevista pelo informante.
[51] Utilizo aqui dados obtidos em entrevistas realizadas junto a outro grupo, composto por mulheres de faixa etária ligeiramente inferior (40-50 anos), também pertencentes às camadas médias do Rio de Janeiro e integrantes de outros grupos ocupacionais. Estas entrevistas foram realizadas fora do âmbito formal deste projeto de pesquisa. Agradeço a Leonardo Hallal e Isabel Valiante, meus ex-alunos na PUC-Rio, pela ajuda na realização das entrevistas naquela ocasião.

Essas histórias apresentam uma característica comum: nelas o doador, ao ofertar um objeto inadequado para uso pelo receptor, expressa uma visão equivocada a seu respeito (no caso das camisas) ou uma desatenção para com suas características (no caso dos brincos). Nesse sentido, sua capacidade de gerar constrangimento entre os envolvidos na troca nos remete à discussão empreendida por Goffman sobre as interações humanas como orientadas por estratégias de "elaboração da face".

Esta visão das interações humanas delineada por Goffman está baseada nas noções de "linha" e "face". Para ele, a linha é "um padrão de atos verbais e não-verbais através dos quais [a pessoa] expressa sua visão da situação e, através disso, sua avaliação dos participantes, especialmente de si mesma".[52] Já a face seria

> o valor social positivo que uma pessoa efetivamente reclama para si mesma através daquilo que os outros presumem ser a linha por ela tomada durante um contato específico. Face é uma imagem do self delineada em termos de atributos sociais aprovados.[53]

As interações humanas seriam, então, orientadas por uma preocupação dos interlocutores com "estar em face", condição esta definida por Goffman como uma congruência entre a linha adotada, a auto-imagem e a resposta externa. Para o autor, as regras fundamentais da interação seriam justamente o auto-respeito — preocupação com a manutenção da própria face — e a consideração — preocupação com a manutenção da face do outro. Haveria, contudo, situações em que o indivíduo, por escolha de uma linha inadequada ou pela introdução de elementos alheios à sua vontade, se veria "fora de face" ou "na face errada", situações estas que produziriam, por sua vez, sentimentos de embaraço e confusão. Estas são as situações que Goffman batiza de "ameaças à face", e que dão origem a uma seqüência de atos reparadores visando "salvar a face" do indivíduo. As "gafes" seriam, assim, um tipo de "ameaça à face", na qual a responsabilidade da pessoa cuja "linha" adotada provoca a ameaça é nenhuma: "[ela] pode parecer ter agido inocentemente, sua ofensa parece ser não intencional e impensada, e os que percebem seu ato podem achar que ela teria tentado evitá-lo caso pudesse ter previsto suas conseqüências ofensivas".[54]

---

[52] Goffman, 1980:76.
[53] Ibid., p. 76-77.
[54] Ibid., p 84. Goffman distingue ainda dois outros "níveis de responsabilidade" pela ameaça à face: o insulto (em que "o ofensor pode parecer ter agido maliciosa e malevolamente" e as ofensas eventuais, que "surgem como uma conseqüência não planejada, mas às vezes antecipada, da ação — ação que o ofensor desempenha apesar de suas conseqüências ofensivas, embora não tenha intuitos malévolos".

Esses episódios de trocas de presentes inadequados, por sua capacidade de gerar embaraço (a despeito de qualquer intenção consciente do receptor) em decorrência da expressão de uma visão incorreta do receptor pelo doador, podem ser entendidos como "ameaças à face" no sentido proposto por Goffman. Neles, a oferta de um objeto inadequado — a "linha" — sugere uma "avaliação dos participantes" incorreta, constituindo, assim, uma "ameaça à face". É esta a pista que desejo aprofundar nesta seção, com base em dois pequenos estudos de caso.

Dar, receber, devolver: a recusa da relação[55]

Uma entrevistada contou-me que, quando seus dois filhos eram pequenos, levou-os a uma festa de aniversário dos filhos de uma amiga, que tinham nascido no mesmo mês, comemorando, assim, a data em uma mesma festa. A situação exigia, portanto, dois presentes, e naquele ano em particular a situação financeira da entrevistada não era boa. Entretanto, tratava-se de uma amiga muito querida, e ela resolveu fazer um esforço e comprar "bons presentes".

Ao chegar na festa, entregou-os à amiga que, sem abri-los ou anotar quem os dera, os guardou junto aos demais presentes. A entrevistada viu, assim, seu esforço ir por água abaixo, porque a amiga não saberia quem dera os presentes.

Um mês depois, o filho da entrevistada aniversariou e sua amiga compareceu à festa, trazendo de presente o mesmo brinquedo que seu filho ganhara da entrevistada. Segundo esta, sua decepção foi enorme e fez com que decidisse ter uma atitude diferente no ano seguinte. E assim fez: na próxima festa dos filhos da amiga, comprou dois presentes baratos e entregou-os. E escutou, estarrecida, a amiga entregá-los à mãe para guardá-los e dizer: "No ano passado não anotei nada, depois não sabia quem tinha dado o que, este ano estou anotando tudo. Mamãe, anota aí: 'Fulana'".

Repleta de mal-entendidos, esta história parece colocar em relevo alguns aspectos da troca de presentes como estratégia de expressão de afeto e apresentação de si. Em primeiro lugar, um presente dado é devolvido inadvertidamente, sem que o receptor original (agora transformado em doador) se dê conta. Os sentimentos relatados pela entrevistada envolvem decepção, ofensa e irritação (conforme sugerido pela decisão de "retaliar" no ano seguinte). Como entender estes sentimentos?

Em sua discussão sobre a "tríplice obrigação" envolvida na dádiva, Mauss afirma que o primeiro presente seria uma espécie de "convite à parceria", uma proposta para que ambos, doador e receptor, entrem em uma relação, em prin-

---

[55] Uma primeira versão deste estudo de caso foi apresentada na 6th International Pragmatics Conference, realizada em Reims, França, em julho de 1998 (Coelho, 1998).

cípio, infindável. É assim que recusar um presente pode ser o equivalente a uma declaração de hostilidade, uma vez que significa rejeitar a proposta de relacionar-se. Afinal, como nos lembra o autor, são duas as formas básicas de relação entre os grupos humanos: a festa e a guerra. É neste sentido que Mauss entende a contraprestação — o presente dado em retribuição — como um "novo primeiro presente", o qual, ao invés de "quitar" a primeira oferta (como na lógica mercantil), expressa uma aceitação da relação e exige, por sua vez, uma nova retribuição, lançando doador e receptor em um movimento eterno de dádivas e contradádivas.

Um presente devolvido decepciona e ofende justamente porque constitui, ainda que não intencionalmente, uma "recusa da relação". Mesmo que a entrevistada não atribua à amiga qualquer intenção consciente de agredi-la deste modo, isto não a exime inteiramente de responsabilidade pelo ocorrido, uma vez que, para que a devolução não seja entendida como uma agressão, é necessária a ignorância da identidade do doador original. Ora, esta ignorância frustra simultaneamente a expressão pretendida de afeto — pela oferta de "bons presentes" — e a construção de uma "face positiva"[56] pela entrevistada.

São esses os sentimentos presentes também em um episódio narrado por outra entrevistada, Roberta, que recebeu de uma amiga algo que lhe tinha dado anteriormente. Em suas palavras:

> Uma amiga uma vez me deu uma coisa que eu tinha dado pra ela. Fiquei muito triste, sabe, porque, eu escolhi, eu normalmente demoro, eu sou uma pessoa, eu sou muito, eu não sou muito objetiva, então eu tenho dificuldade pra comprar. Tudo. Sabe, eu fico, eu demoro, eu escolho, porque eu vejo pessoas que vão lá e pá, pá, pá, e compram, eu não sou assim. Então, quer dizer, as coisas pra mim levam um tempo, eu vou lá, eu gasto meu tempo, eu escolho, eu custo, não, isso aqui eu acho que a pessoa vai gostar, então eu levei um tempo pra comprar, e achei muito indelicado da pessoa, nem saber que eu tinha dado e me devolveu o presente, então eu achei horrível. (...) Não, eu acho que não foi em seguida. E nem, eu acho, eu gosto muito dessa pessoa, então não acho que tenha sido proposital. Mas foi muito chato. [Como reagiu?] Não, não falei nada, agradeci, muito obrigada, gostei muito. Eu não teria coragem de falar. (...) Foi muito decepcionante, eu me senti um pouco rejeitada, me senti meio mal com aquilo, sabe, assim uma desatenção, não rejeitada, eu achei que foi uma desatenção.

O que chama a atenção neste depoimento é que a "desatenção" é justamente desconsiderar aquilo que esteve envolvido na oferta: o dinheiro gasto em um momento de dificuldades financeiras (na primeira história), o tempo e o trabalho gastos na escolha de um objeto adequado à pessoa (na segunda história).

---

[56] Brown e Levinson, 1987.

Tempo e trabalho, conforme demonstrei em outro lugar,[57] são "moedas" equivalentes ao dinheiro na lógica que organiza o sistema da dádiva. Um presente devolvido nega de uma só vez toda a lógica da dádiva encontrada neste universo de camadas médias: não custa nada ao doador — nem dinheiro, nem tempo, nem trabalho —, não é escolhido tendo em mente aquela pessoa específica e não permite ao doador original construir sua imagem por meio do presente ofertado.[58]

A retaliação concebida pela entrevistada que protagoniza a primeira história aqui analisada engendra um contraponto perfeito à gafe original. Frustrada em sua tentativa de construção de uma face positiva, abre mão desta tentativa em sua segunda oferta, certa de que qualquer esforço será inútil dada a desatenção de sua amiga, e acaba vendo-se na situação de ter criado para si mesma uma imagem negativa.

O brinco da Elke: o presente como insulto

O segundo caso a ser aqui analisado consiste em um relato de uma entrevistada que se sentiu ofendida por um presente, um brinco, dado a ela por uma amiga fora de qualquer ocasião especial. A amiga o recebera de sua sogra, que o trouxera como presente de viagem. Não tendo gostado do presente, resolveu dá-lo a Célia, porque "era a sua cara". O que havia de tão ofensivo no brinco? Nas palavras de Célia:

> Quando eu abri, era um brinco, que você não podia imaginar, eu acho que começava na orelha e devia acabar no peito. Pendurado, entendeu, uma coisa assim, bem colorida, bem tchan, tipo assim, Elke Maravilha. Acho que só Elke Maravilha poderia usar um brinco desses, ou então até a Rogéria, ou uma drag queen, uma coisa assim, assim pro show, mesmo? Aí eu olhei pra cara dela, muito simplesmente, porque eu me senti ofendida, e falei assim pra ela, porque aí eu fiquei com raiva, mas eu não podia dizer assim que eu estava com raiva, aí eu falei assim, "que bom. Eu estava precisando mesmo de um brinco desses porque eu tenho uma fantasia espetacular pr'uma festa de fantasia que eu tenho que ir no mês que vem, e vai encaixar muito bem na minha fantasia. Vai ser ótimo. Porque eu vou me fantasiar de Elke Maravilha". [E ela reagiu como?] Nada, eu acho que ela percebeu, porque ela também não é burra, que eu... Aí ela disse assim, "ah-rá, é, que bom, e tal", ficou toda sem graça, porque eu realmente me senti ofendida com isso. (...) Não, foi à toa, porque ela ganhou, ainda foi honesta comigo, ganhou e passou adiante porque achou que era a minha cara. E aí eu me senti ofendida.

---

[57] Coelho, 2001a.

[58] Rehen (2000), em trabalho de iniciação científica elaborado no âmbito do projeto "O ato de presentear: comunicação, cultura e interação", mostra a importância do critério "personalidade" do receptor na escolha do objeto doado junto a um grupo de universitários cariocas.

O ponto aqui é a possibilidade de ler, através das características do objeto ofertado, o modo como o outro o vê. Estamos no cerne mesmo do processo de manipulação de impressões analisado por Goffman e visto por Cheal e Schwarz como central para o entendimento deste tipo particular de interação que é a troca de presentes. Neste caso, o brinco "Elke Maravilha" ofende porque equivale a ser chamada de "perua", qualificativo recusado por Célia. Conforme ela afirma:

> Uma outra coisa que às vezes eu fico ofendida, é quando a pessoa vai dar, é a pessoa que vai dar um presente pra mim, achando que eu sou uma pessoa exótica, porque há uma diferença entre ser exótica e ser perua, tá, então... Aliás, a pessoa achando que eu sou perua e me dá uma coisa assim simplesmente que eu jamais usaria, em tempo algum. Isto eu até considero uma ofensa.

Mas há ainda outro aspecto deste caso que nos permite aproximá-lo dos anteriores. Em outro trecho de sua entrevista, Célia afirma serem dois os critérios principais que utiliza para escolher um presente para alguém: a personalidade do receptor e seu próprio gosto. Ou seja, ambos, doador e receptor, têm que gostar do objeto. Seu princípio é escolher, dentro das preferências do doador, algo de que também goste. Neste sentido, o brinco é duplamente ofensivo, porque revela ser ela possuidora de uma imagem perante a amiga a seus olhos negativa e porque contraria as regras do seu jogo, uma vez que dado exatamente porque em desacordo com o gosto pessoal da amiga. Ainda nas palavras de Célia, narrando o episódio:

> Esse eu fiquei danada da vida. Uma amiga minha, é, amiga entre aspas, inimiga, porque ganhou da sogra dela um brinco que, importado, sei lá, da Itália, não sei o que, da onde que era, e aí diz que quando ela olhou o brinco ela falou assim "jamais usaria este brinco, isto aqui é a cara de Célia", aí chegou e disse isso pra mim, "olha, eu trouxe pra você", não era meu aniversário, não tinha data nenhuma especial, "eu trouxe esse brinco porque eu acho que é a sua cara, você vai adorar esse brinco".

Dádiva e papéis de gênero

As trocas de presentes entre marido e mulher têm, como todas as dádivas, uma gramática própria, através da qual a natureza do vínculo que une doador e receptor é dramatizada. Nesta seção, principio com a narrativa de duas histórias que me foram contadas por uma entrevistada — a primeira protagonizada por ela e seu marido, a segunda vivida por um casal de amigos —, as quais parecem-me ter valor de paradigma em termos da capacidade dos objetos trocados dramatizarem um ideal de relação marido-mulher junto ao universo pesquisado. Em seguida, recorrendo a episódios descritos pelos demais entrevistados, procuro abstrair duas lógicas distintas do ato de presentear, presididas pelas diferenças de gênero, na intenção de evidenciar de que modo os objetos doados/recebidos dramatizam a vivência de papéis de gênero distintos.

Na primeira história, a entrevistada, Célia, conta que, ao chegar de viagem alguns dias antes do aniversário dela, seu marido anunciou-lhe que havia trazido uma surpresa para dar-lhe como presente. Sua imaginação disparou: pensou em jóias, relógios, peças de decoração — objetos caros e pequenos, uma vez que de outra forma seria difícil ocultá-los dentro de casa. No dia do aniversário, ele se aproximou com uma pequena caixa, em um tom, segundo ela, de "agora vai ser o máximo, ela vai receber o presente, vou ser assim o Deus, né, vou ser assim o cara mais espetacular do mundo pra ela". Ao abrir a caixa, ela encontrou um objeto de madeira que a princípio supôs ser outra caixa. Vendo suas tentativas de abri-la, o marido disse-lhe para virá-la, em vez de abri-la. Do outro lado, havia uma imagem de uma santa. Tratava-se, segundo ela, "de um pedaço de madeira com um ícone pintado". A cena que se seguiu foi de constrangimento, com ambos perplexos, ela pensando "o que será isso" e ele pensando "será que ela não sabe o que é isso?". Percebendo sua decepção, o marido indagou: "você não gostou, né?", ao que a entrevistada respondeu que estava apenas imaginando o que fazer com o presente. A reação do marido foi de raiva, tomando-o de sua mão e dizendo:

> *É isso que dá. Com você tem que ser mesmo assim. É dar dinheiro na sua mão, porque aí você compra o que você quiser. Porque eu trouxe achando que você ia achar o máximo isso, você, ainda mais você, metida a entender de arte e tudo, pelo visto você entende nada de arte. E você recebe uma coisa assim, com essa cara de... de idiota.*

No desfecho, o marido, ofendido, deu-lhe dinheiro, segundo a entrevistada "jogando-o em sua cara", o que a fez chorar e sentir-se também ofendida. E daí em diante nunca mais recebeu um presente do marido que não fosse dinheiro.

A segunda história, vivida por uma amiga de Célia e por ela narrada como um episódio "maravilhoso", serve de contraponto perfeito a esta história do ícone. Trata-se de um Natal vivido por um casal amigo, segundo ela muito rico. No Natal, sua árvore amanheceu coberta de "presentinhos" do marido para a esposa, inúmeros pequenos embrulhos contendo objetos prosaicos como uma touca de banho, lixas de unha, meias, cintas, bucha para tomar banho, pilhas para *walkman* etc. A lógica que presidira a escolha do marido: ele havia tomado nota, ao longo de meses, de suas pequenas queixas cotidianas referentes aos pequenos objetos de que necessitava, mas dos quais sistematicamente se esquecia ao sair para fazer compras. Além disso, o marido deu-lhe um anel, "para que ela não achasse que ele fora tão banal". Entretanto, segundo a entrevistada, o anel parecia não ser tão necessário, uma vez que sua amiga lhe confidenciou: "olha, pra falar honestamente, eu adorei o anel, claro, evidente, mas eu dei muito mais valor a essas pequeninas coisas". O entusiasmo da entrevistada também é pelos diversos pequenos presentes:

> *Já pensou um cara entrar na farmácia e pedir uma lixa de unha porque a mulher tá com a lixa quebrada? Você não ficaria feliz? Eu achei o máximo, sabe, essas pequeninas coisas assim que ela de repente tá precisando, e que você vai indo, vai indo e acaba não comprando, ah, amanhã eu compro, toda vez que ela ia sair com o* walkman *dela ela esquecia de comprar pilha e não saía com o* walkman*, aí ele foi e comprou umas seis pilhinhas pra ela. E ela foi abrindo aquilo, cada vez que ela abria assim ela lembrava, "ah, é, eu disse que queria isso", ele anotou. Achei o máximo. Eu achei lindo.*

Essas duas histórias, narradas pela mesma entrevistada em tons diametralmente opostos — a primeira como decepção, a segunda como idealização —, sugerem algumas pistas iniciais para pensarmos sobre as diferenças existentes entre a dádiva feminina e a dádiva masculina. No episódio do ícone, dois aspectos chamam a atenção. O primeiro deles é o desfecho: a decisão do marido de, diante do fracasso de seu presente, passar a presentear a esposa com dinheiro, como uma forma de retribuir a ofensa de que se sentiu alvo. O segundo aspecto é uma explicação oferecida pela entrevistada para o porquê de não ter gostado do ícone: o marido o havia escolhido no ateliê da pessoa que o hospedara, em vez de dar-se ao trabalho de sair para escolher algo.

Surge aqui uma primeira oposição: dinheiro *versus* trabalho. A expectativa da entrevistada era que o marido tivesse "trabalho" na escolha do objeto com que iria presenteá-la, em vez de trazer algo que simplesmente estivesse à mão. Sua queixa, sintomaticamente, não diz respeito a um eventual baixo valor monetário — isto sequer surge em seu relato —, mas sim ao fato de que o marido não quis ter trabalho para agradá-la. A reação dele, ofendido, é o recurso ao elemento-síntese da impessoalidade: substituir o presente por dinheiro, o qual, justamente por seu caráter impessoal, é considerado neste universo algo inadequado (na maior parte das situações) a servir como dádiva, conforme discuti em outros lugares.[59]

A segunda história faz um nítido contraste com esse primeiro episódio. Nesta, narrada como uma espécie de "ideal", a marca dos diversos pequenos presentes ofertados pelo marido é justamente o *trabalho* a que este se dá para agradar à esposa, tomando nota, pacientemente e durante meses, de seus menores desejos e queixas. É interessante notar aqui que o anel — justamente o presente de valor monetário expressivo — só é necessário para o marido, sendo, embora apreciado, considerado pela esposa de menor importância.

---

[59] Coelho (2001a) e capítulo 3 deste livro.

Outro episódio narrado pela mesma entrevistada sugere ainda outra pista para a compreensão das diferenças entre as lógicas feminina e masculina no presentear. Indagada sobre um presente apreciado que houvesse ganho de seu marido, a entrevistada fala de duas viagens — a Londres e a Paris — que ganhou do marido, respectivamente em seu aniversário de 50 anos e em suas bodas de prata. A razão de Célia para destacar estes presentes:

> *Aí eu achei, é o tal negócio, eu não esperava isso, foi uma surpresa, achei que ele pensou em mim, naquela hora, que eu ia adorar ir à Inglaterra, como também quando nós fizemos 25 anos de casados ele também me presenteou com uma viagem a Paris. Então foram os dois presentes de viagem que ele também pensou em mim porque ele não gosta de Paris e ele também não achava essas coisas Londres. Era porque eu queria conhecer Paris e Londres.*

O mérito do marido, nesta história, parece ser o mesmo do marido da amiga e seus inúmeros presentinhos: "escutar a esposa", ou seja, prestar atenção nela e em seus desejos, procurando satisfazê-los. É justamente isso o que falta no episódio do ícone, escolhido sem qualquer trabalho e sem que ela sequer soubesse do que se tratava ou o que iria fazer com ele.

Podemos, então, esboçar algumas características da dádiva feminina no contexto da relação marido-mulher. Nesta lógica, as moedas mais valorizadas são o tempo e o trabalho, expressos no esforço despendido para encontrar um objeto adequado ao parceiro. É isto o que estas mulheres valorizam nos presentes que recebem, atitude expressa de forma paradigmática no maior valor dado — e aqui a expressão "dar valor" ganha um sentido renovado — aos pequenos presentinhos em detrimento de uma jóia. O ponto é a importância do caráter singularizante do presente recebido. Para ilustrar, vale citar o depoimento de outra entrevistada que, ao ganhar do namorado um perfume, reclamou do presente por ser o perfume o mesmo que o via dar a todas as mulheres de sua família (mãe, filhas etc.).

Quando os papéis se invertem, e estas mulheres falam dos presentes que dão a seus maridos, um novo critério aparece: a idéia parece ser a lógica da necessidade, em particular de vestuário. É assim que muitas entrevistadas falam dos presentes que dão a seus maridos como oportunidades para comprar aquilo de que estes, em sua avaliação, estão precisando: camisas, meias, gravatas, cintos etc. Significativo é o depoimento de uma entrevistada que diz ter hoje grande dificuldade para presentear seu marido, pois este, já aposentado, tem pouca necessidade de novas camisas ou gravatas... Certamente é isto que torna a lixa de unhas um presente tão sedutor: aqui, o marido recorreu à lógica feminina do presentear, procurando prover — com seu *trabalho*, e não *financeiramente* — às pequenas necessidades cotidianas da esposa.

A lógica masculina parece ser o avesso da feminina. Falando sobre presentes marcantes que tinha dado à sua esposa, um entrevistado menciona um anel de brilhantes e um carro zero-quilômetro, destacando como razões para seu caráter memorável o alto valor em termos de seu poder aquisitivo à época. Por outro lado, ao falar dos presentes que apreciava ganhar de sua esposa, cita um episódio em que ela havia surrupiado alguns docinhos de uma festa a que fora sozinha, certa de que ele iria apreciá-los. A equação tempo-trabalho *versus* dinheiro aparece aqui de forma diferente: como doador, ele enfatiza a importância do valor monetário do presente,[60] ao passo que, como receptor, sua preferência é pelas pequenas atenções.[61] A possibilidade de cuidar das pequenas necessidades cotidianas das esposas — dando-lhes meias novas, por exemplo — é inteiramente ausente dos depoimentos masculinos. Por outro lado, não há qualquer relato masculino de um presente marcante de alto valor monetário ganho da esposa.

É importante assinalar, ainda, que a importância atribuída ao valor monetário do presente recebido parece ser marcada por uma certa ambigüidade no caso das mulheres. Assim, há relatos de jóias e viagens como presentes marcantes — dádivas de alto valor monetário —, cujo mérito, entretanto, parece ser justamente o "revestimento" deste valor de um caráter singularizante, do qual o dinheiro pura e simplesmente estaria destituído, tornando-se ofensivo, como no episódio do ícone.

O discurso dos entrevistados aqui analisado sugere a existência de lógicas distintas para homens e mulheres no que diz respeito às trocas de presentes nas quais se engajam enquanto casais.[62] "Moedas" distintas parecem regulá-las: tempo e trabalho para as mulheres, dinheiro para os homens. Esta linguagem, contudo, é nuançada, com a mudança de lugar no ato da troca (doador ou receptor) parecendo permitir eventuais inversões, como no caso dos homens que atribuem grande relevância ao valor monetário do que oferecem a suas esposas, almejando, contudo, receber em troca pequenas dádivas de baixo valor monetário, porém conotadoras de atenção.

A análise revelou também a existência de outros critérios para a (des)valorização de um presente, tais como seu potencial singularizante (essencial de

---

[60] É interessante notar que, no caso da lixa de unhas, o marido, sintomaticamente, não achou suficiente a atenção e o trabalho que despendera com os inúmeros pequenos presentes, sentindo necessidade de "complementar" sua dádiva com uma jóia de alto valor monetário.

[61] Cabe ressaltar que essas lógicas não são exclusivas, conforme sugere a preocupação do mesmo entrevistado em deixar claro que também dá presentes ditados pela "atenção" aos desejos da esposa e que exigem grande dispêndio de tempo e trabalho, como no caso de uma partitura musical que se esforçou em encontrar para ela.

[62] É importante lembrar que essas lógicas são orientadas não apenas pelo gênero, mas também pela geração, conforme sugeriu a investigação realizada sob minha orientação pela bolsista Cristina Dias da Silva, no âmbito do Programa Institucional de Bolsas de Iniciação Científica (Pibic) da Uerj.

acordo com a lógica feminina). Homens e mulheres diferenciam-se, ainda, no uso da dádiva como forma de cuidado, com as mulheres utilizando-a como espaço para a renovação do vestuário do parceiro, preocupação esta inteiramente ausente do discurso masculino.

Estes traços encontrados nas lógicas feminina e masculina permitem-nos retomar a sugestão, já presente na obra clássica de Marcel Mauss, de que as dádivas trocadas dramatizariam a natureza do vínculo existente entre doador e receptor. Assim é que a importância atribuída pelas mulheres à capacidade de o objeto recebido do parceiro singularizá-las nos remete àquela que é talvez a principal característica do amor moderno: um sentimento que une dois sujeitos psicológicos, reciprocamente percebidos como únicos e insubstituíveis.[63] É neste sentido que a oferta de uma dádiva em dinheiro ganha a conotação de uma ofensa, na medida em que fala de uma dessingularização, particularmente inadequada no contexto de uma relação de casal, regida — ao menos idealmente — pela ideologia do amor moderno.

Os diferentes pesos atribuídos por homens e mulheres ao valor monetário do presente ofertado ao parceiro — os homens destacando sua importância, as mulheres sublinhando o tempo e o trabalho despendidos na escolha de um objeto — remetem-nos, por sua vez, a outro aspecto da relação destes casais. Associadas à lógica feminina de utilizar o espaço da dádiva como forma de cuidar do vestuário do marido (lógica ausente da dádiva masculina), estas regras parecem falar de uma reiteração dos papéis de gênero tradicionais, em que ao homem cabe prover o sustento — contribuir com dinheiro, em suma — e à mulher prover os pequenos cuidados cotidianos — contribuir com tempo e trabalho. Os objetos trocados entre estes maridos e esposas dramatizariam a natureza do vínculo que os une, misturando-se aqui — conforme dizia Mauss — suas almas e suas coisas.

Estes dois conjuntos de situações narradas — as "gafes" e as trocas entre maridos e esposas — permitem evidenciar a natureza comunicacional das trocas de presentes. Discutindo o consumo como um sistema de significação, Sahlins (1979:198) afirmou: "o objeto fica como um conceito humano fora de si mesmo, como se fosse homem falando com homem usando as coisas como meio de comunicação".

Esta possibilidade de comunicar-se através de objetos encontra no mundo da dádiva outra versão. Subjacente aos vários episódios aqui analisados, encontra-se um tema comum: a observação do outro, com a oferta de uma dádiva

---

[63] Para dois trabalhos que discutem esta e outras características do amor moderno no Ocidente, ver Araújo e Castro (1977) e Lázaro (1997).

compatível (aos olhos do doador) com suas características. Tanto os episódios de gafes quanto os de dádivas entre maridos e esposas examinados neste capítulo giram em torno deste problema: um objeto que expressa ou não uma observação acurada do outro, podendo, assim, provocar mágoa, ofensa ou irritação (o brinquedo devolvido, o brinco espalhafatoso, o ícone) ou deleite por saber-se alvo de afeto e atenção (os pequenos presentes).

Nesse sentido, as histórias aqui narradas podem ser tomadas como ilustrações daquele "potencial de insulto" contido em todo presente de acordo com Miller (1993), cuja evitação dependeria da "competência" no manejo das regras da troca — aquela "complexidade tão complicada quanto a própria linguagem". Trata-se aqui da observância (ou não) de uma regra fundamental da dádiva neste universo: sua capacidade de objetificar uma imagem de si/do outro.

Voltemos aqui à concepção do conjunto de regras que orientam as trocas como uma linguagem. A expressão "comprei um presente pra você que é a sua cara" condensa com perfeição esta regra fundamental das trocas de presentes neste universo: a dádiva como forma de construção de imagens de si e manipulação de impressões. É nesse sentido que podemos falar das trocas de presentes como uma forma de comunicação capaz de engendrar mal-entendidos semelhantes àqueles mal-entendidos linguísticos *stricto sensu*.

Weiner (1983, segundo Hendry, 1995) fornece um exemplo da fecundidade desta atenção (tanto para as ciências sociais quanto para os estudos da linguagem) para com os objetos enquanto meios de comunicação. Em etnografia realizada nas ilhas Trobriand, a autora narra um episódio em que, aborrecida com um nativo, admoestou-o verbalmente. O indivíduo afastou-se sem retrucar, e a antropóloga ouviu então de outras pessoas a explicação de seu erro: na etiqueta nativa, a forma adequada de expressar insatisfação é agir de modo intencionalmente lento ao ajudar na colheita de inhames da pessoa com quem se está aborrecido, de modo a fazer com que sua pilha de inhames, visível para toda a aldeia, seja diminuta, evidenciando assim sua impopularidade. Como conclui Hendry (1995:32, tradução minha): "na vida cotidiana as pessoas expressam satisfação e insatisfação de várias maneiras, com muita freqüência utilizando objetos materiais como veículos para fazê-lo". Somos aqui "homens falando com homens usando as coisas como meios de comunicação".

Capítulo 3

"O que vale é a intenção": dádiva, valor e sentimento*

As histórias sobre dádivas são repletas de referências a sentimentos suscitados por trocas de presentes. No capítulo anterior, orientei a análise para a dimensão de elaboração das imagens de si por meio dos objetos trocados. Os relatos analisados, contudo, não apresentam apenas esta dimensão, sendo perpassados por referências a sentimentos expressos e suscitados, conforme demonstram os sentimentos de embaraço e irritação revelados nas histórias sobre gafes ou os sentimentos amorosos (frustrados ou reiterados) envolvidos nos episódios das trocas entre maridos e esposas.

A expressão de afetos pode se valer de diversas dimensões das trocas, como o esforço e o tempo despendidos na obtenção do objeto ofertado, o modo e a ocasião de dá-lo, seu valor monetário etc. O foco deste capítulo é a relação entre a dádiva e as emoções, abordada sob dois aspectos:

▼ a tensão, recorrente no material analisado, entre a vivência do presente como uma forma de expressão de afeto e a experiência das datas socialmente estabelecidas para o presentear como uma forma de coerção;

▼ maneira pela qual o discurso sobre o valor monetário do presente revela tensões quanto à capacidade de este valor ser também uma estratégia de expressão afetiva.

---

* Uma primeira versão deste capítulo foi publicada sob o título "Dádiva e emoção: obrigatoriedade e espontaneidade nas trocas materiais" (Coelho, 2003).

O capítulo está estruturado em três partes, além desta introdução. Na primeira, apresento os pressupostos teóricos aqui utilizados a respeito da dádiva e da emoção, expondo duas idéias fundamentais:

▼ a capacidade da dádiva material de servir como meio para expressão de afetos, por meio do manuseio do conjunto de regras que governam a circulação das dádivas, entendido por alguns teóricos como uma forma de linguagem;

▼ o lugar das emoções como objeto de estudo antropológico nos trabalhos de Marcel Mauss, com ênfase no modo como o autor reflete sobre a tensão entre o obrigatório e o espontâneo na experiência individual.

As partes seguintes são voltadas para a análise dos dados, sendo dedicadas ao exame das duas questões expostas acima.[64]

Pressupostos teóricos

A troca de presentes: emoção e linguagem

Em seu estudo sobre o "ciclo ritual de Winnipeg", David Cheal empreende uma detalhada análise sobre o sistema da dádiva na cidade canadense de Winnipeg. O trabalho apresenta uma inspiração fortemente interacionista, entendendo os presentes trocados como formas de expressão dos laços sociais existentes entre doador e receptor (*tie-signs*, na expressão tomada de empréstimo de Goffman). Os presentes são também, como vimos, entendidos como uma forma de "manipulação de impressões", um recurso utilizado pelos indivíduos para criar uma determinada "representação de si".

Os presentes são descritos, ainda, como "meios de comunicação". Seu poder expressivo abrange, entre outras coisas, a possibilidade de dar visibilidade a estados afetivos. Conforme afirma Cheal, discutindo a natureza dos presentes ofertados em algumas ocasiões especiais,

> Os objetos ofertados na Páscoa, no Dia dos Namorados, no Dia das Mães e como conforto em ocasiões de sofrimento são bens supérfluos, ao invés de coisas de utilidade prática. Podemos, portanto, suspeitar que sua importância social seja acima de tudo simbólica, e que sua função seja expressar emoções de determinados tipos.[65]

---

[64] Recorto aqui como material de análise as 12 entrevistas realizadas com mulheres (excluindo as quatro entrevistas realizadas com homens na primeira fase do projeto). Destas, seis foram realizadas na primeira fase do projeto (1997-2000) e seis na segunda (2000-03).
[65] Cheal, 1988:94, tradução minha.

Esta capacidade de os objetos trocados expressarem emoções aparece também em outras oportunidades, como na troca de presentes entre membros de uma mesma família em ocasiões regulares. Neste contexto, os presentes seriam uma forma de "renovação" dos sentimentos amorosos:

> Os membros da família são pessoas de quem se pode esperar apoio, acredita-se, porque seus sentimentos amorosos são dados como naturais. A troca de presentes ao longo do ciclo anual de ocasiões regulares contribui para a renovação constante destas emoções. Pessoas como C. W. atribuem assim uma importância considerável a essas trocas, porque "mostrar a eles que você os ama" fornece evidências concretas e visíveis de estados emocionais invisíveis que, sem isso, se poderia suspeitar haver enfraquecido.[66]

Miller (1993) discute também a relação entre dádiva e sentimentos, apontando a capacidade de os objetos trocados não apenas expressar os sentimentos do doador como também suscitar sentimentos no receptor (e também, em última instância, da capacidade de a reação do receptor suscitar sentimentos não pretendidos no doador). Analisando um episódio ocorrido por ocasião do *Valentine's Day* — em que sua filha pequena recebeu de um vizinho um brinquedo caro, só tendo para ofertar em troca seus desenhos e um biscoito —, Miller discute os sentimentos de humilhação que supõe terem sido suscitados na mãe do menino e os próprios sentimentos de embaraço diante da desigualdade entre os presentes.

Esses sentimentos gerados pelas dádivas — pretendidos ou não — não se dão de acordo com a livre iniciativa dos indivíduos, mas obedecem a uma gramática socialmente regulada. Na visão de Hochschild, nas interações existiriam "regras de sentimentos", as quais "definem as emoções legítimas consideradas coerentes com tipos específicos de situações sociais".[67]

A emoção como objeto antropológico: a tensão obrigatório-espontâneo

O *status* das emoções como objeto dos estudos sociológicos e antropológicos é marcado por uma ambigüidade desde os primórdios destas disciplinas. Em textos programáticos voltados para a definição do escopo da sociologia e da natureza de seu objeto, Durkheim (1984) esforça-se por demarcar o social por exclusão do psicológico (associado ao individual), conforme expressa sua clássica formulação do "fato social" como aquilo que existe "fora das consci-

---

[66] Cheal, 1988:84, tradução minha.
[67] Hochschild, 1979, apud Cheal, 1988:61, tradução minha.

ências individuais". Em um movimento semelhante, embora orientado por uma perspectiva teórica distinta, Simmel define sua concepção da sociologia com base no par forma-motivação, elegendo a primeira como objeto por excelência da sociologia. Embora admitindo a indissociabilidade empírica destas duas dimensões das interações humanas, Simmel (1971c) exclui as motivações do rol de objetos possíveis da sociologia, afirmando-as como pertencentes à alçada da psicologia.

Paralelamente a estes "programas", contudo, encontramos em suas obras esforços de considerar as emoções aspectos da experiência individual suscetíveis de uma análise sociológica. É o caso, por exemplo, da atenção dada por Simmel aos sentimentos do amor (1993) e da fidelidade e gratidão (1964), e também da reflexão durkheimiana sobre o sentimento da efervescência presente nos fenômenos de massa (1996).

Entre os autores clássicos, talvez o texto mais elucidativo para esta reflexão acerca do lugar das emoções como objeto de estudo seja o pequeno texto de Marcel Mauss intitulado "A expressão obrigatória dos sentimentos". Nesse trabalho, Mauss (1980) analisa um conjunto de ritos funerários australianos, abordando o problema do caráter coletivo da expressão dos sentimentos. A análise dos dados etnográficos evidencia a dimensão de linguagem desta expressão, dado o caráter ritualizado e sincronizado das demonstrações de pesar. Entretanto, a análise de Mauss não deduz daí uma afirmação da natureza coercitiva do ritual que constrangeria o sujeito a demonstrar o que "não sentiria"; para ele, o que muda é a "etiologia" do sentimento, o qual, ao invés de provir espontaneamente do íntimo de cada indivíduo, é gerado "de fora para dentro", o que — e neste ponto fica evidente o refinamento da análise de Mauss — em nada enfraquece a verdade do sentimento *experimentado* pelo sujeito. Mauss conclui sua análise afirmando ser a expressão dos sentimentos uma linguagem, que funcionaria como um movimento de mão-dupla, em que o indivíduo, ao demonstrar o que sente para os outros segundo um código compartilhado, neste movimento expressaria seus sentimentos também para si mesmo.

Uma experiência coercitiva: as datas do presentear

O problema da tensão entre obrigatório e espontâneo é também o fio condutor das reflexões de Marcel Mauss sobre a dádiva. A questão que orienta o "Ensaio..." é, como vimos, o porquê da retribuição de uma coisa dada. Mauss afirma a existência de "duas verdades" na dádiva: seu caráter "voluntário", expresso na "teoria", e a obrigação da retribuição, presente na "realidade" da dádiva.

Ao longo do "Ensaio...", Mauss evidencia a recorrência desta tensão entre a vivência da dádiva como espontânea e seu caráter coercitivo subjacente. Com base em diversos exemplos etnográficos, o autor formula sua questão fundamental: "que força há na coisa dada que faz com que o donatário a retribua?"[68]

Vemos, assim, que o mesmo problema orienta esses dois trabalhos seminais de Mauss resumidos aqui: a tensão entre as dimensões obrigatória e espontânea da experiência individual, expressa na vivência das emoções e na oferta/recebimento de dádivas materiais. É para o modo como esta tensão aparece no universo aqui analisado que nos voltamos agora.

A leitura dos depoimentos revela de saída duas recorrências. A primeira é a afirmação, pelos entrevistados, da capacidade de os presentes doados transmitirem afetos ("amor", "carinho" etc.). Declaram, por exemplo, que "presente, na minha cabeça, é uma coisa muito do coração" (Glória), que o presente é "um ato de amor" (Patrícia) e que "aquele presente pra mim é um carinho que a pessoa tá fazendo" (Lúcia).

Ao mesmo tempo, quase como um contraponto, os entrevistados enfatizam seu desconforto com qualquer sentimento de obrigatoriedade na oferta de uma dádiva. Em alguns depoimentos, dar presentes sob a égide de uma obrigação aparece quase como uma contradição em relação à natureza do presente — expressar afeição. O caráter obrigatório do presente aparece na maior parte dos casos sob a forma das datas (Natal, aniversário, Dia das Mães, Dia dos Pais etc.), rejeitadas por vários entrevistados, que se recusam a respeitá-las como ocasiões para dar presentes. Um depoimento em particular merece ser citado, o de Patrícia, pela relação de oposição explícita que faz entre a natureza afetiva da dádiva e o caráter coercitivo das datas:

> *Porque eu acho que o presente envolve, assim, alguma coisa como o que é que ele gosta, o que é que ele... com o que é que ele se sentiria feliz... é quase... eu acho que presente é ato de amor. Eu não dou presente porque é Dia das Mães, porque é Natal, por causa disso ou por causa daquilo. (...) Natal... eu dava, sim. Algumas pessoas eu dou, sim. Porque são pessoas que têm hábito de me dar o presente, então eu me sinto assim constrangida de não estar dentro do contexto. Posso até pensar que ela deva estar achando que eu... que eu não estou... que eu não gosto dela o suficiente... tá vendo, tá sempre ligado ao fator gostar. Mas eu costumo dar pra algumas. Outras, à medida que elas vão se tornando mais queridas e mais íntimas, aí eu simplesmente não dou. Passa Natal, Ano Novo... aí, de repente, vejo uma coisa que eu goste... (...) Então eu acho que quando a pessoa é amiga, qualquer coisinha deve ser dada porque é carinho, é... presente é carinho. Quando a pessoa é mais, tem um relacionamento mais formal, aí você respeita as datas. Sei lá, aniversário dela, você vai com um presente e... Natal, você vai, presente, você dá um presente, ela te dá um presente, eu acho isso o fim do mundo, eu não gosto, realmente eu não gosto. Mas um relacionamento mais amigável, mais afetivo, é aquele que não precisa datas. Você pega um bombom, deixa na mesa da pessoa, manda comprar uma tortinha que você sabe que a pessoa gosta, deixa um pedacinho... coisinha, presente gostoso é aquele...*

---

[68] Mauss, 1974:42.

Esta entrevistada opõe nitidamente a dádiva como expressão de afeto à vivência da data como coerção, quando expõe sua "gramática" na qual a conquista progressiva de um maior grau de intimidade nas relações começa a traduzir-se em uma liberdade em relação às datas. Esta atitude, contudo, é permeada de ambigüidades, como quando Patrícia, falando sobre os presentes que dá a si mesma no Natal e no aniversário, faz uma distinção entre "data" e "referência":

> *Então eu me acostumei de vez em quando, falo assim, ah, vou me dar presente de aniversário, mas meu presente de aniversário, por exemplo, meu presente de aniversário de outubro do ano passado eu comprei sábado agora. Por aí você vê que não tem data. Mas é referente, refere-se ao aniversário do ano passado. E aí eu compro, fora de época. Não sei se essa referência já é uma chamada pra data, mas...*

As datas socialmente definidas como ocasiões para a troca de presentes provocam desconforto também em outros entrevistados, que falam, por exemplo, de sentimentos como ansiedade, o que em alguns casos gera também uma recusa a acatar a "obrigação" de presentear. Alguns depoimentos:

> *Eu realmente não tenho o hábito, muito hábito de trocar presente. Não sei nem te explicar, deixa eu até pensar, me analisar por quê. Eu não gosto de comprar presente. Primeiro que eu detesto comprar. Não gosto, tenho dificuldade de comprar as coisas, acho um saco ir ao shopping, ou andar na rua, ficar procurando, "ai", aquela ansiedade que eu vejo assim... foi o Dia dos Pais, eu via muita gente "ai, eu ainda não comprei", fica naquela angústia... Eu não tenho essa. Eu teria... muito mais do que o normal. Então eu resolvi que eu não dou. Eu não fico, eu não entro nessa no Dia dos Pais, no Dia das Mães porque eu não dou. E não acho que é importante eu comprar um presente **no Dia** dos Pais, **no Dia** das Mães, no dia do Fulano, no Dia da Criança... aí tem que sair voando que nem uma louca... aí compra uma coisa que a pessoa não gosta, ou que eu não gostei... enfim, eu não tenho muito esse hábito de trocar. [Isso vale pra aniversário, Natal?] Exceto aniversário, que também não é uma coisa assim, "é aniversário do Fulano, eu tenho de comprar". Se deu pra comprar, uma coisa que eu achei que era legal, tudo bem. Por exemplo, estou falando assim, marido, mãe, pai, essas coisas. Filho é aquele negócio. Quando eram pequenos, tem de dar, porque eles não compreendem que eu, apesar de não dar, os amo igualmente. Eles acham que não, né? Então criança não entende. Pô, "que é que sua mãe te deu?" "Nada porque ela não tem saco de comprar." "Porque ela não acha importante demonstrar"? Então as crianças sempre ganharam no aniversário, Natal, Dia da Criança, que eles cobram? Então sempre eu entrava naquela neurose que tinha que comprar o presente... Depois que eles crescem, um chequinho. Toma aqui, tá resolvido. Consciência tranqüila, graças a Deus, sem ansiedade, sem nada. E às vezes aniversário pinta assim. Também não fico nessa "tenho de comprar o presente da Fulana", "tenho de comprar o presente da minha mãe", "tenho de comprar o presente do meu marido". Se der, ótimo, eu compro. Se não der, a gente comemora, já comemorou, fez uma fes-*

ta, ou saiu. O presente é isso. Pra mim. Entendeu? E ao mesmo tempo eu não fico chateada se a pessoa não me deu presente no dia do aniversário, no dia do casamento, não tenho... não ligo.

(Camila)

Tenho dois filhos, mas já tão grandes. (...) Costumava dar presente. Mas nunca assim com uma preocupação de que, por exemplo, ah, Natal, sou obrigada a dar presente para eles, entendeu, ou para as pessoas que eu tivesse que dar. Eu dava presente às vezes assim... no meio do processo, não é, então eu gostava às vezes de trazer uma coisa, trazer outra, mas eu nunca tive assim uma preocupação de ter que dar aqueles presentes. Inclusive eu não gosto muito às vezes de uma... data, por exemplo, até mesmo como o Natal, de ser obrigada a essa função, pelo social. (...) É, é aniversário de Fulano, eu acho que a pessoa espera algum presente. Eu parto assim desse princípio, aí eu acabo que dou. Mas a minha sensação de dar presente é muito assim, eu gosto de dar. Mas eu sinto um alívio muito grande quando eu decido o que eu vou dar. Eu não gosto dessa função de, ai, eu tenho que sair pra comprar um presente e preciso achar um presente hoje. Então, quando eu tenho, assim, ai, eu tenho que dar um presente pra Fulano, aí eu já decidi, aí isso fica assim tranqüilo. [A obrigação pesa?] Se... se eu estou num momento tumultuado sem tempo real, entendeu, pra efetivar, eu acho que pesa, por isso que eu não gosto muito assim, ah, como eu estava falando, é dos meninos, então, é aniversário, ou é uma data x, eu ter que dar, porque às vezes naquele momento eu estou sem condições de sair pra comprar alguma coisa, entendeu?

(Rita)

Eu costumo dar presente pras pessoas que eu gosto. Assim, amigos, pessoas mais próximas, até a gente estava conversando, com a Rita, e eu falei assim pra ela, eu dou, eu tenho o costume de presentear as pessoas independente das datas, assim, no sentido de que, de repente, eu acabei de ler um livro que eu acho que é superlegal, que eu acho que a pessoa vai gostar e o prazer que o livro me deu, eu acho que o prazer vai ser dado a essa outra pessoa que eu gosto, que eu acho que tem a ver, então eu vou lá e compro o livro e dou o livro também de presente (...) Porque eu também não gosto de comprar simplesmente um presente porque eu tenho que dar, porque é numa data igual a Natal, entendeu? Então eu, se eu não achar nada que eu ache que tem a ver, eu não dou. Mas se eu achar que tem alguma coisa a ver, eu dou.

(Simone)

Esses depoimentos, com sua vivência das datas socialmente definidas para a troca de presentes como algo coercitivo, chegando em alguns casos à recusa desta obrigação, sugere uma experiência da dádiva diametralmente oposta àquela descrita por Mauss.[69] A partir de seus dados etnográficos, Mauss descreveu a dádiva como algo de natureza obrigatória, porém vivido sob o signo da espontaneidade. Ou seja: nos dados etnográficos analisados por Mauss, a consciência nativa representa a decisão de presentear como algo de natureza individual, fruto de um desejo do sujeito, embora, subjacente a esta vivência, haja uma obrigatoriedade de retribuição. Nos depoimentos acima, contudo, a dádiva aparece, ao contrário, como algo vivido sob o signo da obrigatoriedade, expressa na definição de datas para o presentear. Esta recusa das datas — mas não do presentear — seria, então, uma tentativa de afirmação do caráter espontâneo do presentear, resgatando, assim, sua possibilidade de servir como meio para a expressão de afeto.

O efeito coercitivo das datas é particularmente nítido no depoimento de uma entrevistada sobre a sensação de estar "em débito" quando não dá presentes nas ocasiões em que isto é socialmente prescrito. Sua atitude é, então, dar os presentes devidos em atraso em outras ocasiões, o que a entrevistada vivencia como "pagar" os presentes. Sua estratégia atesta bem a ambigüidade desta experiência da dádiva: recusar-se a dar nas datas prescritas é uma forma de tornar o presente espontâneo, a consciência da existência de uma pressão social no sentido de trocar presentes em datas específicas faz com que a dádiva possa ser sentida como dívida, conforme sugerida pela expressão "pagar" os presentes atrasados.

Esta experiência das datas do presentear como coercitivas nos remete à questão da visibilidade dos aspectos socioculturais da vida para o sujeito contemporâneo. Clifford (1998:105), comparando as trajetórias e obras de Conrad e Malinowski, elabora a noção de uma "subjetividade etnográfica", a qual define como "uma consciência profundamente ciente da arbitrariedade das convenções". Para esta consciência, a "sociedade" e a "cultura" são visíveis; se o sujeito sabe ser por ela constituído, seu esforço contínuo é por transcender esta condição. A recusa das datas pode ser entendida como uma tentativa de escapar a estas determinações, as quais, por serem "sociais", são vistas como coercitivas.[70]

---

[69] Sublinho aqui aquele que me parece ser o aspecto central recorrente nesses depoimentos. A própria leitura, contudo, deixa evidente que a vivência desta coerção não é idêntica para todos os entrevistados, cujas maneiras de lidar (inclusive emocionalmente) com esta percepção das datas como uma coação apresenta nuances.

[70] Esta percepção encontrada no senso comum do social como instância coercitiva da vontade individual pode ser pensada como uma espécie de "cultura sociológica". Penso aqui em um fenômeno análogo à "cultura psicanalítica" analisada por Figueira (1985) como uma diluição, no senso comum, de conceitos e idéias formulados pelos teóricos da psicanálise. Teríamos assim uma diluição de noções clássicas da sociologia, tais como a concepção durkheimiana do fato social como algo que existe fora de cada indivíduo, sendo capaz de coagi-lo. Esta versão diluída dos conceitos sociológicos passaria, então, a integrar a visão de mundo dos sujeitos, sendo acionada para a interpretação da própria experiência. Devido à exigüidade dos dados, contudo, esta idéia deve aqui permanecer no terreno da hipótese.

Este movimento seria uma condição *sine qua non* para que a dádiva cumprisse sua função de expressão espontânea de afeto. Lutz (1988), em trabalho no qual analisa as representações ocidentais da emoção — cujo conjunto constitui aquilo a que a autora se refere como uma "etnopsicologia" —, aponta diversos traços marcantes destas representações, entre os quais: a vinculação da emoção ao domínio da natureza; sua alocação preferencial junto ao gênero feminino; a temática do controle emocional; sua concepção como algo que provém do íntimo de cada sujeito, cuja autenticidade dependeria da espontaneidade.

É neste sentido que penso podermos entender o desconforto relatado pelos entrevistados diante da "obrigação" de presentear em datas socialmente definidas. Nesta etnopsicologia ocidental, o sentimento e sua expressão, para serem valorizados, precisam ser "autênticos", esta "autenticidade" dependendo, como vimos, de sua "espontaneidade", ou seja, da proveniência exclusiva do "íntimo" de cada sujeito — no sentido de resultar da vontade individual —, sem qualquer vinculação com determinantes sociais. Recusar-se a presentear em datas específicas tem, dessa forma, o sentido de recuperar a dimensão espontânea da dádiva, crucial, nesta visão de mundo, para que o presente possa cumprir sua função de ser um "ato de amor" gerado "no coração".

Valor e afeto

Um segundo tema através do qual é possível pensar as maneiras como a dádiva pode ser utilizada para expressar sentimentos é o *valor*. Os discursos das entrevistadas são atravessados por uma tensão acerca da importância do valor monetário dos presentes dados/recebidos. Este ora é apontado como irrelevante, ora parece ocupar um lugar predominante na capacidade de o objeto doado expressar afeto.

Essa ambigüidade aparece no discurso dos informantes sob a forma de uma oscilação entre um aparente "descaso" pelo valor monetário de um presente — expresso, por exemplo, em sua não-estipulação prévia ao ato da compra, no qual ele pode ser subordinado a outros fatores, tais como a adequação do presente ao receptor — e a revelação de que há muitas vezes faixas de preço pré-estipuladas ou cerceadas por outros critérios. É assim na fala em que uma entrevistada, Glória, explica as regras do amigo oculto de Natal realizado por sua família:

> A gente estipula normalmente, não, valor não, porque acho que a gente já está tão assim, já é uma coisa tão da família, assim, já está meio no esquema. A gente mais ou menos sabe, a gente quando vai conversar sobre o amigo oculto no almoço, geralmente é um almoço de família. A gente tem muito almoço de família, assim, familiona, grandona. Então, normalmente, a gente, ah, vamos tirar o amigo oculto, ali a gente já mais ou menos estipula um certo valor, às vezes, e... porque tem coisa da família, tem disparidades financeiras, tem gente que tem grana,

> *tem gente que não tem grana nenhuma, então é bom a gente dar uma estabelecida nisso, e... [Vocês estabelecem que faixa?] Ah, vamos dizer, esse ano, a gente estabeleceu, R$ 50, R$ 60, se a pessoa quiser, dá menos, se a pessoa quiser, dá mais, é livre, mas mais ou menos isso...*

Ou seja: ao mesmo tempo que se estabelece uma faixa de preço, afirma-se também a liberdade de cada um para ignorá-la. Este tipo de "contradição" aparece de outras maneiras em outras falas das entrevistadas, que começam afirmando sua despreocupação com o valor a ser gasto na compra de um presente para em seguida explicitar a existência de "faixas" de preço a serem respeitadas. Essas "faixas", contudo, seguem como critério a tradução de uma "hierarquia afetiva", em que as pessoas de quem mais se gosta recebem "mais", no sentido de ganhar presentes mais caros. Entretanto, este critério tem um *status* ambíguo no discurso das informantes, pois, ao mesmo tempo que tem sua existência reconhecida, é também descrito como "natural" ou "inconsciente", no sentido de que não se trata de uma estratégia racional. Dois exemplos deste tipo de discurso:

> *Tem sempre algumas pessoas que eu realmente elevo um pouco o teto, faço um pouquinho mais acima. [Se fosse classificar, quem está na faixa mais alta?] Ah, seria meu marido, meu filho, minha mãe e minha irmã, minha cunhada, as duas sobrinhas dele, dois amigos do meu filho que são muito chegados, que é como se fossem meus filhos, que estão sempre aqui em casa... sempre compro assim uma coisa melhor. Aliás, meu marido vive dizendo que não sabe o que é que é isso, que isso é uma coisa... não vê a razão disso, que você pode dar um presente, você sai, enfim, compra um presente, uma coisa razoável, pode até gastar menos, mas está pensando naquela pessoa e a pessoa vai gostar, e você está dando uma coisa legal, e tal. Mas, não sei, acho que é uma coisa que... sei lá, vem assim de dentro, não sei meio que inconsciente, você sai pra comprar, você quer dar uma coisa muito boa pr'uma pessoa que você gosta demais, aí as pessoas se pegam um pouco nessa coisa de que... achou, sei lá, uma calça de R$ 80, ou então uma blusa de R$ 30 muito bonita, mas você quer dar uma coisa muito boa pra aquela pessoa, aí você vai e compra uma calça num valor maior... Isso foi uma coisa meio... talvez não tenha muita razão, realmente, mas eu funciono meio assim.*

(Laura)

> *De repente acontece naturalmente esse tipo de hierarquização, quer dizer, você nem pensa nela, mas, por exemplo, menina, as duas, [as filhas] dizem assim, "ah, eu estava querendo uma blusa, uma calça, e eu estou precisando muito de um sapato". Então vai ser blusa, calça e sapato, entendeu? Já pra sobrinho, o sobrinho nunca fala pra você que está precisando de uma blusa, um sapato e uma calça. Ou uma bolsa. Ele fala um presente. Então, sem pensar na hierarquização, no ato acontece.*

(Simone)

Há também outros momentos em que esta capacidade de o valor traduzir afeto aparece de modo mais inequívoco. É assim que as entrevistadas falam de uma preocupação em dar presentes de mesmo valor (ou em mesmo número) para os filhos ou para os sobrinhos, e, no caso daquelas que são mães e tias, de hierarquizar os presentes oferecidos a filhos e sobrinhos, com aqueles ganhando objetos de maior valor. Alguns exemplos:

[Os sobrinhos ganham coisas na mesma faixa, que essa faixa seja inferior à dos filhos, preocupações desse tipo, os filhos ganham coisas da mesma faixa?] Não, não, não tem muito isso, não. Quer dizer, fica normalmente na mesma faixa, acaba eu acho que fica, os meninos sempre ganharam a mesma coisa, assim... até porque eles fazem aniversário com uma diferença de uma semana, entendeu, então era sempre próximo, mas se um estivesse precisando de alguma coisa a mais, não fico medindo assim, tenho que dar uma coisinha a mais porque o outro ganhou. E pros sobrinhos, às vezes, dependendo... é, mas sempre fica assim numa média. Talvez só pra essa minha sobrinha, que ela era assim... os meninos inclusive colocavam muito como "ah, sua filha", como se ela fosse minha filha e ela sempre, diante dos outros, era diferenciada, quer dizer, eu sempre dei e ela também sempre pediu. Também tinha uma coisa assim, entendeu? E eu sempre, a ela eu dei sempre uma coisa de maior valor.

(Rita)

Eu acho que entre irmãos existe sempre aquela coisa, "deixa eu ver o do outro se é igual", "deixa eu ver se a mamãe gosta tanto de mim quanto gosta de você ou se gosta mais de você do que de mim", e eles vão medindo isso nas mínimas coisas, então o que pra mim não tem a menor importância, como eu comecei dizendo, que o presente é um carinho, pra eles, entre irmãos, isso ainda é uma coisa complicada. "Puxa, mas a mamãe te deu, sei lá, um tênis caríssimo, e pra mim me deu essa sandalinha de praia"... Então eles... mesmo que agora eles já estejam maiores, então não verbalizam, mas... ficam com aquele olhar meio caído pro presente do outro... então eu procuro, quando eles eram pequenos eu procurava o número. Se eu desse dois presentes pro [filho] pro Natal, dois brinquedinhos ou duas roupinhas, sei lá, eu dava o mesmo número pra [filha]. Sempre me preocupei com o número. Hoje em dia, evidentemente, é a questão do valor, porque eles já entendem essa... que vale, quanto vale.

(Lúcia)

Sobrinhos, quando eu dou, eu procuro dar equivalente, eu não gosto de, por exemplo, comprar alguma coisa muito cara pra um dos sobrinhos e uma barata pra outro. Eu acho que a gente deveria ser equânime nessa parte pra não criar mágoas, porque às vezes há mágoas.

(Patrícia)

É interessante, contudo, que não se fala em uma preocupação com valores fixos precisos, mas sim em "faixas", "médias", "valores aproximados" ou "mais ou menos". De que modo entender esta maneira de definir uma equivalência?

Godbout (1999), discutindo o lugar da dádiva nas sociedades modernas, aborda algumas de suas características que permitem lançar uma luz sobre estas ambigüidades apontadas nos discursos aqui analisados. A primeira noção relevante para os propósitos deste capítulo é um tipo de valor que o autor acrescenta à clássica dicotomia marxista entre o valor de uso e o valor de troca: o "valor de vínculo", que o autor descreve como "o que vale um objeto, um serviço, um 'gesto' qualquer no universo dos vínculos, no fortalecimento dos vínculos".[71] Ainda segundo Godbout, o valor de vínculo "escapa ao cálculo, o que não significa que ele não exista".[72] Seria este o tipo de valor que predominaria no universo da dádiva.

Tal noção nos fornece uma pista para entender a natureza evasiva, percebida no discurso das entrevistadas, da delimitação de um valor para os presentes ofertados. É porque o presente é expressivo da natureza da relação entre doador e receptor — no caso, relações marcadas pela afetividade — que ele precisa escapar ao mero cálculo contábil, uma vez que o dinheiro traz, conforme apontaram diversos autores, uma marca de impessoalidade que o torna incompatível com o sistema da dádiva.[73] Admitir a importância do valor monetário na expressão dos afetos seria uma forma de "agramaticalidade", devido ao seu pertencimento a uma esfera marcada pelo anonimato e pela "frieza afetiva". Um tratamento mais "flexível", em que "faixas" e "aproximações" — em vez de preços fixos, como no universo do mercado — deixam uma margem de "liberdade", é essencial para que o valor possa ser utilizado como meio de expressão do afeto.

Este processo, contudo, escapa ao menos parcialmente à consciência das entrevistadas. Não se trata de uma estratégia calculada, mas sim de um movimento que elas ocasionalmente *constatam*, entendendo-o como "natural" ou "inconsciente". Esta forma de apreensão do "cálculo" implícito em sua forma de presentear pode ser entendida à luz da noção da "regra do implícito" discutida por Godbout como essencial ao universo da dádiva.

Analisando um diálogo típico entre doador e receptor — aquele em que o receptor afirma ao doador ser sua dádiva desnecessária, ao que este responde depreciando-a —, Godbout pergunta-se a que esta ênfase na "não-necessidade" da dádiva estaria atendendo. Procurando afastar-se das explicações que recorrem a noções tais como "costume", "interesse" ou "hipocrisia', Godbout sugere que se trata de uma maneira de enfatizar/resgatar a possibilidade da liberdade

---

[71] Godbout, 1989:200.
[72] Ibid., p. 201.
[73] Ver, por exemplo, Miller (1993) e Parry e Bloch (1989).

na dádiva, a qual, se preservada, paradoxalmente reforça os vínculos por ela criados, uma vez que estes seriam marcados pela espontaneidade, e não por uma reciprocidade vivida como coação.

Estabelecer um valor e ao mesmo tempo não estabelecê-lo (pela ênfase em "faixas" em vez de "preços"); constatar a existência de um critério monetário como forma de comunicação afetiva e simultaneamente afirmar seu caráter "inconsciente", não-estratégico: estas parecem ser duas versões da "regra do implícito" discutida por Godbout, que visaria preservar uma margem de liberdade necessária ao reforço dos vínculos criados pela dádiva. A liberdade como condição para que a dádiva possa servir de meio para a expressão de afeto aparece aqui novamente, em um movimento de reedição daquela lógica que vimos perpassar o modo como as entrevistadas contornam a vivência das datas como coercitivas.

A expressão de afeto está longe de ser um sentido necessário da dádiva. Etnografias destas trocas em sociedades orientais mostram como em outros contextos culturais a dimensão cerimonial da dádiva pode ser a tônica, conforme evidencia a etnografia das trocas de presentes em uma pequena aldeia chinesa, realizada por Yan (1996).

Neste universo das camadas médias da Zona Sul do Rio de Janeiro, contudo, a experiência do presentear é, como vimos, eivada de considerações acerca da relação entre a dádiva e a expressão de afetos. As respostas mais imediatas fornecidas pelos entrevistados giram em torno da visão do presente como um ato amoroso, como uma forma de demonstração de sentimentos afetuosos.[74]

Entretanto, a expressão de sentimentos de apreço pelo receptor, tais como o amor ou a amizade, não é o único tipo de "trabalho afetivo" realizado pelas trocas de presentes. No leque de emoções à disposição da experiência humana, poucas — se é que as há — poderiam ser excluídas do universo da dádiva. É assim que um presente pode suscitar raiva (o ícone), decepção (o brinquedo devolvido), inveja ou ciúme (os irmãos que precisam ganhar sempre a "mesma coisa") etc. No próximo capítulo, examino uma emoção específica engendrada em uma forma particular da dádiva: a (in)gratidão encontrada nas trocas de presentes entre patroas e empregadas domésticas.

---

[74] Esta vinculação entre dádiva e emoção pode ser encontrada junto a grupos de outras sociedades ocidentais contemporâneas, como demonstram, entre outros, os já mencionados trabalhos de Cheal e Miller (respectivamente sobre o Canadá e os Estados Unidos). O trabalho de Rezende (1993) sobre a amizade entre ingleses residentes em Londres revela outra forma de equação entre dádiva e afeto, em que aquela é substituída pela oferta de refeições como uma maneira de demonstração de amizade.

Capítulo 4

Hierarquia, trocas materiais e emoções: o exemplo da gratidão*

O foco deste capítulo é uma forma específica de troca material recorrente na sociedade brasileira: a troca de presentes entre patroas e empregadas domésticas. São três os pontos abordados:

▼ a maneira pela qual o modelo da troca, tal como esboçado no discurso das entrevistadas, dramatiza o tipo de vínculo que as une;

▼ o modo como os indivíduos se utilizam de um conjunto de regras compartilhadas para expressar-se através das trocas materiais;

▼ a forma como os sentimentos engendrados (ou não) por essas trocas — em particular a gratidão — permitem compreender aspectos da cultura brasileira.

Utilizo aqui o subconjunto de seis entrevistas realizadas na primeira fase do projeto — as "patroas" — e uma entrevista realizada com uma acompanhante que trabalha para um casal idoso, residente também na Zona Sul do Rio de Janeiro. Além desses dados colhidos em situações formais de entrevista, foram utilizados também diversos relatos de episódios envolvendo troca de presentes

---

* Uma primeira versão deste capítulo foi originalmente publicada sob o título "Sobre agradecimentos e desagrados: trocas materiais, relações hierárquicas e sentimentos" (Coelho 2001b).

entre patroas e empregadas, obtidos em conversa informal por uma babá junto a suas colegas e a mim relatados.[75]

A natureza desequilibrada deste material exige uma explicação. Realizei diversas tentativas de obter um número maior de entrevistas com empregadas domésticas, babás ou acompanhantes; todas elas, contudo, foram frustradas pela recusa, mais ou menos direta, das pessoas contatadas. A principal razão alegada (quando havia alguma) era o embaraço de conversar comigo — uma "patroa". Devido à exigüidade do material obtido, as hipóteses aqui levantadas acerca da visão das empregadas sobre estas trocas não têm mais do que um caráter tentativo.[76] Entretanto, acredito ser importante sua inclusão, em particular devido à orientação teórica deste livro, a qual tem como uma de suas diretrizes fundamentais a visão das regras do presentear como uma linguagem. Esta visão exige a incorporação dos pontos de vista tanto do doador quanto do receptor, pois, como lembra Cheal (1988:54, tradução minha), "entre os muitos problemas da teoria da troca está sua desatenção para com o fato de que um presente (ou qualquer outro tipo de transação) só produzirá o efeito desejado se seu significado, tal como definido pelo doador, for mantido inalterado".

O capítulo está dividido em três seções, além desta introdução. Na primeira, examino o discurso das patroas acerca da troca de presentes com suas empregadas. Em seguida, inverto o foco, abordando a visão das empregadas sobre o tema. Finalmente, procuro tecer algumas considerações sobre a relação entre trocas materiais, sentimentos e cultura.

"Ela fica tão agradecida": a visão das patroas

Todas as patroas entrevistadas disseram dar presentes para suas empregadas. Entretanto, ao contrário de outras relações — em que a oferta de um presente é representada como espontânea e desinteressada —, no discurso das patroas sobre suas motivações para presentear uma empregada surge explicitamente um senso de coerção. Assim, duas entrevistadas incluem, entre suas razões para presentear as empregadas, a expectativa destas de ganhar presentes.

---

[75] Cabe aqui um esclarecimento acerca da inclusão da categoria profissional "acompanhante" no grupo das empregadas domésticas. As patroas, quando perguntadas sobre os presentes que davam para suas empregadas, citavam diaristas, faxineiras, babás e acompanhantes. Esta "classificação nativa" parece ser acompanhada pelo grupo das empregadas, ao menos na figura da babá que me ajudou a obter a entrevista, que não fez qualquer objeção à inclusão das acompanhantes no grupo das possíveis entrevistadas. Assim, embora possam ser entendidas como categorias profissionais distintas, com funções diferentes, a "classificação nativa" dos dois grupos pesquisados autoriza, a meu ver, esta inclusão.

[76] Para uma discussão acerca das dificuldades colocadas pela condição de "patroa" da pesquisadora em um estudo sobre a relação patroa-empregada doméstica, ver Azeredo (1989).

Uma terceira admite, um tanto a contragosto, presentear empregados "por interesse":

> Às vezes eu faço por obrigação, até. Mas eu gosto de dar também. Minha mãe tem acompanhante (...), então, eu trago, pra agradar, também, no sentido, aí no caso é mais pra agradar a pessoa, pra ela tratar bem a minha mãe. E são pessoas também que eu gosto, são pessoas boas, mas também tem essa, talvez seja um pouquinho de interesse.
>
> (Roberta)

Entretanto, embora as patroas admitam explicitamente um traço coercitivo em sua motivação para presentear as empregadas, quando esta obrigação é assinalada pelas empregadas sua reação é de forte desagrado. Os depoimentos a seguir ilustram bem esta reação:

> E então... tem umas que você dá e parece que... era sua obrigação. Aí você fica com vontade até de nem dar mais, né?
>
> (Adriana)

> E outra coisa, deixa eu falar uma coisa que me lembrei agora, que me aborrece muito, é que certas pessoas não sabem receber presente. E aí você... eu tinha uma faxineira que ela não sabia. Isso me desagrada muito, porque você dá, ela tá com você no Natal, e tal, mas você vê que a pessoa sempre recebe mal, eu acho que sempre acha que aquilo não é bom... [O que é que você chama de não saber receber?] Eu acho que algumas pessoas são amargas, e... seja porque elas se supervalorizam ou ao contrário, mas se acham sempre mais merecedoras de uma coisa maior, entendeu, e não compreendem... [O que ela faz?] Ela mostrava um desagrado, então eu me lembro que uma vez eu procurei, comprei um negócio pra mim e pra ela, igual, era um descascador de abacaxi, porque eu acho chatíssimo descascar abacaxi... então você vê quando a pessoa, sabe, relega aquilo ali, acha aquilo... e não foi só uma vez, não, foi mais de uma, e é uma pessoa até de quem eu gosto. Mas ela, eu não sei se ela tem, se isso é um complexo, porque eu vejo muito isso nas camadas inferiores.
>
> (Roberta)

Por outro lado, as demonstrações de agradecimento são uma motivação a mais encontrada pelas patroas para presentear suas empregadas:

> Eu gosto de dar pelo menos pra minha empregada porque eu sei que ela precisa... sei que ela... sabe... primeiro que ela espera ganhar, segundo que ela dá valor, sempre agradece numa notinha, ela não é de muito falar, não, mas aí ela escreve al-

guma coisa agradecendo... É bilhetinho, aí no dia seguinte tem um bilhetinho no meu banheiro, no meu quarto, na minha mesinha de cabeceira...

(Adriana)

[Me conta uma história de um presente que você gostou especialmente de dar.] Por incrível que pareça, pra essa faxineira que já está aqui há mais de 20 anos. Ela fica tão agradecida com as coisas que a gente dá. Eu me lembro que, acho que foi há dois anos atrás, no Natal, ela tinha pouco antes comprado um microondas (...) aí, na época não era muito fácil achar uma tampa pra colocar em cima de um prato (...). E eu achei naquela loja de plásticos, eu sei que ela já tinha procurado e não tinha achado. E eu me lembro que foi assim bem caro pro que é. Aí quando eu dei no Natal — eu sempre dou várias coisinhas pra ela, foi uma das coisas que eu dei — ela ficou numa alegria tão grande com aquele prato, sabe, pra mim valeu. Besteira, mas que teve assim um impacto muito grande.

(Andréa)

Surge, assim, um modelo de relação em que a troca de presentes, como assinalado, é explicitamente representada por um dos lados envolvidos como obrigatória e (eventualmente) interessada. Mas esta não é a única originalidade deste tipo de troca. Além de obrigatória e interessada, esta dádiva é unilateral, não exigindo e, no limite, não admitindo reciprocidade (ao menos em termos estritamente materiais). Nos depoimentos das patroas, as trocas de presentes com as empregadas têm um caráter essencialmente assimétrico. A própria expressão "troca de presentes" chega a soar inadequada, a não ser que tomemos "presente" em um sentido bastante elástico, incluindo aí formas imateriais de dádiva, tais como favores, serviços e mesmo sentimentos. Nos depoimentos das patroas, são raros os presentes recebidos das empregadas.[77]

---

[77] Estas entrevistas foram realizadas em uma fase de desenvolvimento do projeto em que o universo pesquisado restringia-se às camadas médias da Zona Sul do Rio de Janeiro. A perspectiva de análise das trocas de presentes com empregados era, naquele momento, unilateral, eventuais comparações sendo "horizontais", ou seja, presentes para empregados *versus* presentes para amigos, por exemplo. Assim, este tipo de troca era um tema entre muitos outros abordados. A pergunta acerca de presentes recebidos de empregados só foi explicitamente formulada em uma entrevista, o que, sem dúvida, pode ter contribuído para esta impressão acentuada de assimetria. Por outro lado, o modelo aberto da entrevista permitia a inserção espontânea do tópico, o que não aconteceu em nenhum caso, sugerindo ao menos uma predominância desta assimetria. De qualquer modo, procurei suprir esta falha no roteiro original entrando em contato com as entrevistadas para pedir-lhes que respondessem a algumas perguntas sobre eventuais presentes recebidos de empregadas, material que utilizo também neste livro.

Quando isto ocorre, o sentimento predominante é de surpresa: "quase caí dura pra trás, coitadinha", ou então, "até achei estranho. Eu fiquei surpresa, porque nunca nenhuma empregada me deu nada".

Além da surpresa inicial, as entrevistadas registram também outros sentimentos diante dessa situação: pena ("coitadinha"), felicidade ("porque é um sacrifício"), constrangimento. Uma delas, que afirmou nunca ter ganho um presente de uma empregada, respondeu assim à pergunta quanto a como se sentia em relação a isso:

> *Não me incomoda a mínima. Porque eu acho que o pouco que ganham não têm que gastar em presente pra mim. Não me incomoda absolutamente nada. Acho que eu ficaria constrangida se recebesse.*
>
> (Andréa)

O constrangimento eventual diante da hipótese de ganhar um presente de um empregado fornece uma pista para compreendermos a natureza dessas trocas. Para isso, pode ser útil pensar nos sentidos possíveis de "constrangimento". O *Dicionário Aurélio* registra, entre outros: "violência, coação; insatisfação, desagrado, descontentamento; acanhamento, timidez, embaraço". Embora o sentido predominante do termo "constrangimento" seja, no uso corrente, "embaraço", sua associação neste contexto com a idéia de "coação" aponta para um traço marcante da relação patroa-empregada: a hierarquia.

Na literatura acerca da troca de presentes, são recorrentes as discussões sobre os sentimentos negativos provocados por determinadas dádivas. Hobbes (citado por Miller, 1993), afirma:

> Receber de alguém, a quem nos consideramos iguais, benefícios maiores do que poderíamos esperar retribuir, dispõe a um amor contrafeito, que em verdade é ódio secreto. Isto coloca um homem no estado de um devedor desesperado, que, ao evitar ver seu credor, silenciosamente deseja que ele esteja onde nunca mais possa vê-lo. Porque os benefícios criam obrigações, e as obrigações são uma servidão, e as obrigações que não podemos quitar, estas são uma servidão perpétua, o que, para um igual, é odioso.[78]

---

[78] Miller, 1993:15, tradução minha. No original: *"To have received from one to whom we think ourselves equal greater benefits than there is hope to requite disposeth to counterfeit love, but really secret hatred; and puts a man into the estate of a desperate debtor that, in declining the sight of his creditor, tacitly wishes him there where he might never see him more. For benefits oblige, and obligation is thraldom, and unrequitable obligation perpetual thraldom, which is to one's equal, hateful".*

Essa passagem do Leviatã condensa os principais aspectos das trocas materiais. A dádiva, entre pessoas de igual *status*, exige retribuições equivalentes, sua impossibilidade gerando intenso desconforto emocional da parte de quem se vê impedido de retribuir. O ponto-chave aqui está na capacidade de a troca material dramatizar a natureza do vínculo entre doador e receptor. A dádiva que excede a capacidade de retribuição do receptor tem o efeito de demarcar sua inferioridade, estabelecendo/expressando uma hierarquia. Mas Hobbes vai além de assinalar esta capacidade da dádiva de falar da relação doador-receptor: ele discute também a dimensão subjetiva das trocas materiais, ao apontar para os sentimentos suscitados no receptor pela "dádiva irretribuível". *Status* social e sentimento entrelaçam-se assim — as trocas materiais atuando como uma "ponte" entre estas duas dimensões da experiência individual.[79]

Mas Hobbes falou de uma relação entre iguais. O que ocorre no caso de uma relação de natureza hierárquica como a existente entre patroa e empregada?

Vimos que a troca de presentes tem aí um caráter acentuadamente assimétrico, sendo raras as ocasiões em que as patroas recebem um presente de suas empregadas. Uma retribuição, quando ocorre, provoca surpresa, pena, constrangimento. Por outro lado, os presentes dados pelas patroas às empregadas são muitas vezes motivados por um sentimento de obrigação, o qual, embora admitido pelas patroas, suscita nelas um forte desagrado se explicitado pela reação da empregada. A reação esperada e valorizada é o agradecimento efusivo.

Temos, então, uma forma de dádiva em que o doador possui *status* superior ao receptor, e dá um presente esperando em troca não outro objeto, mas um sentimento: a gratidão. Qual a lógica desta troca?

Em sua análise da gratidão, Simmel (1964) afirma ser este sentimento uma espécie de "suplemento" emocional da obrigação de retribuir: " [a gratidão] estabelece o laço da interação, da reciprocidade de serviço e contra-serviço, mesmo quando estes não são garantidos por uma coerção externa".[80] Além disso, a gratidão seria

---

[79] Podemos supor aqui que a capacidade de os presentes dados/recebidos expressarem a relação entre doadores e receptores, neles suscitando determinados sentimentos, seria da mesma ordem da relação discutida por Durkheim (1970) entre os ideais e os objetos, em que os primeiros necessitariam fixar-se — de forma mais ou menos aleatória — sobre os segundos, de modo a se constituírem e poderem ser percebidos. Um segundo aspecto da capacidade de os objetos presenteados evocarem sentimentos estaria ligado também à *forma* de sua obtenção (como dádiva), ao contrário de outras formas possíveis (compra, roubo, herança etc.). Para uma discussão sobre formas subjetivas de atribuição de valor a objetos, ver Simmel (1971a) e, para um estudo de caso sobre o furto como forma de atribuição de valor a objetos, ver Katz (1988).

[80] Simmel, 1964:387, tradução minha.

não a retribuição de um presente, mas a consciência de que ele não pode ser retribuído, de que há algo que coloca o receptor em uma determinada posição permanente em relação ao doador, e o faz entrever uma infinitude inerente a uma relação que não pode ser esgotada nem plenamente realizada por qualquer contrapresente ou atividade finitos.[81]

A gratidão, assim, teria um "gosto de servidão",[82] ainda mais acentuado por sua natureza "irredutível". A expectativa das patroas de suscitar uma reação agradecida em suas empregadas — reforçada por sua irritação quando a reação é de menosprezo pelo presente — ganha, então, sentido pleno. Estabelecendo uma equivalência entre um objeto e um sentimento, esta troca realizada por patroas e empregadas evidencia um aspecto essencial da natureza da dádiva: a expressão, por meio de coisas, da relação entre pessoas. É por isso que, em uma relação tão fortemente hierarquizada, a retribuição esperada não é material, mas emocional: a expressão de um sentimento que demarcaria a "posição permanente" da empregada em relação à patroa, ou seja, sua "servidão". É por meio de sua reação que a empregada exerce seu efeito sobre a patroa ("aceitando ou recusando o presente, o receptor tem um efeito altamente específico sobre o doador", afirma Simmel).[83] Mostrando-se grata, a empregada confirma a existência de uma hierarquia e conforma-se a seu *status* inferior, aceitando aquele estado de "servidão perpétua" tão odioso aos iguais. Sua gratidão cumpre também uma segunda função: sugerir a possibilidade daquela "fidelidade" tão valorizada pelas patroas como um traço da "boa empregada",[84] pois, ainda segundo Simmel (1964:388, tradução minha), a gratidão seria a "continuidade ideal de uma relação que pode ter terminado há muito tempo".

O tom desta troca fica especialmente nítido em uma história narrada por uma entrevistada, que trabalha como acompanhante de um senhor idoso. Segundo ela, sua colega (com quem se reveza em cuidar do senhor) deu à patroa, em seu aniversário, uma cafeteira, presente caro que comprou a prazo. A patroa não gostou do presente: não o usou e sequer colocou-o na cama, junto aos demais. E mais: em conversa com a cozinheira, referiu-se à moça como "uma metida", por dar um presente daquele valor.

Esta reação — apesar de sua tonalidade cruel, ausente nos demais depoimentos — ilustra excepcionalmente bem o modelo esboçado aqui dessas trocas: dar objetos é uma prerrogativa de quem ocupa a posição de maior *status*, cabendo àquele de menor *status* retribuir com um sentimento em que assinala o reconhecimento de sua posição na hierarquia: a gratidão.

---

[81] Simmel, 1964:392, tradução minha.
[82] Ibid., p. 393.
[83] Ibid., p. 389, tradução minha.
[84] Rezende, 1995.

Patroas e empregadas parecem estar entabulando uma conversa sobre sua relação. Através dos objetos dados e das reações suscitadas, afirmam e reivindicam *status*. Cabe, então, perguntar que objetos são esses, cujo recebimento deveria, segundo a ótica das patroas, suscitar gratidão.

Entre os critérios mencionados pelas entrevistadas para escolher que objetos dar a suas empregadas, está a noção de "supérfluo". Várias patroas afirmam preferir dar a suas empregadas "o que elas não teriam dinheiro para comprar". Com base neste critério, as empregadas recebem muitas vezes objetos escolhidos no universo de consumo da patroa, por exemplo, "um sapato da Mr. Cat" (mencionado por uma entrevistada).[85]

Este critério parece estar norteado pela lógica delineada acima para esta forma da dádiva: a expressão de uma relação hierárquica. A patroa dá, como presente, aquilo que nega como salário. O acesso a este universo de consumo por meios próprios, como consumidora em uma lógica impessoal de mercado, produziria uma igualdade de *status* social; o acesso sob a forma de um presente funciona como manutenção da relação hierárquica.

Neste sentido, a ingratidão assume sua forma suprema quando o objeto menosprezado é algo idêntico àquele consumido pela patroa, como na história já narrada sobre a faxineira que "não sabia receber presentes":

> *Ela mostrava um desagrado, então eu me lembro que uma vez eu procurei, comprei um negócio pra mim e pra ela, igual, era um descascador de abacaxi, porque eu acho chatíssimo descascar abacaxi...*
>
> (Roberta)

Trata-se aqui de oferecer uma espécie de "igualdade", enquanto possuidoras do mesmo bem, caso em que a indiferença produz um efeito ainda pior: a faxineira, recusando-se a ficar grata, recusa-se não só a confirmar a desigualdade que a inferioriza, mas também não aceita esta "igualdade" parcial e provisória, oferecida pela patroa à sua imagem e semelhança.

Esta interpretação dessa forma de dádiva, como dramatização de uma relação hierárquica, pode ser ainda reforçada pelo exame de um segundo critério utilizado pelas patroas para a escolha dos objetos. A maioria das entrevistadas preocupa-se, no caso de amigos e parentes, em adequar o presente ao "gosto" ou à "personalidade" de cada um. Algumas dizem também ser fundamental conciliar as preferências do receptor com o próprio gosto, afirmando não se sentirem bem dando algo de que não gostam. A mesma lógica, contudo, não vale para as empregadas. Esta diferença é explicitada por uma entrevistada ao comentar o destino que dá aos presentes que ganha e de que não gosta:

---

[85] Mr. Cat é uma loja sofisticada de sapatos da Zona Sul do Rio de Janeiro.

> Quem recebe são as empregadas. [Passa adiante?] Não vou dar pra quem... tem em geral a ver com gosto. Então se não é do meu gosto acho que em geral também não é do gosto das minhas amigas. Mas as empregadas sempre gostam.
>
> (Andréa)

Este desinteresse pelo gosto pessoal das empregadas aparece também em dois outros depoimentos. Em um deles, comentando sobre os presentes de viagem que traz, uma entrevistada conta:

> Presente pra empregada eu faço questão de trazer, porque ela ficou em casa e eu que saí, então tenho de trazer uma lembrança, um perfume... já trouxe um perfume da Torre Eiffel, aquelas coisas horrorosas, mas aí tem de comprar, porque não vai entender se você não comprar.
>
> (Camila)

No segundo depoimento, a irrelevância do gosto pessoal da empregada fica ainda mais clara:

> na faixa de R$ 5, R$ 7... por aí, o que eu achar nessa faixa. É, pode ser camiseta, geralmente é mais fácil de encontrar, porque tem umas gordas, grandes, aí você fica dando tratos à bola, é muito mais fácil comprar uma camiseta, porque sempre usa e o tamanho serve. É mais fácil também porque você sabe que pode usar, você tentar escolher uma coisa mais pessoal, que envolva mais gosto e aí ela pode não se agradar daquilo. Uma camiseta bem básica, bem simples, todo mundo usa.
>
> (Adriana)

A desatenção dada em geral ao gosto pessoal da empregada viria, então, reforçar a interpretação aqui proposta de que nestas dádivas as patroas estariam expressando o modo como vivenciam a relação com as empregadas, marcada por um viés fortemente hierárquico em que as trocas são realizadas muito mais entre pessoas — no sentido de ocupantes de papéis sociais — do que entre indivíduos — no sentido de seres dotados de singularidade. Trata-se, acima de tudo, de um presente que uma *patroa* dá a uma *empregada*.[86]

---

[86] É fundamental assinalar — principalmente para quebrar a impressão de uma inevitabilidade deste modelo de troca na relação patroa-empregada — que um período prolongado de convivência pode alterar estes critérios, como no caso de uma entrevistada cuja empregada (que trabalhou para ela durante cerca de 20 anos) não só lhe dava presentes (rompendo a assimetria) como recebia objetos de caráter pessoal, como sapatos (a patroa tendo observado que "ela já está aqui há 20 anos (...) até sapato eu já dei pra ela porque eu sei o número do pé dela, sabe?").

"Eu, hein, presente pra patrão?": a visão das empregadas

Tudo o que vimos até agora foi o discurso das patroas acerca dessas dádivas. Um exame do que pensam as empregadas a este respeito pode, contudo, sugerir outros aspectos dessas trocas.

Em uma das minhas diversas tentativas frustradas de obter depoimentos de empregadas domésticas, fui até uma praça localizada próximo à minha casa, onde, pela manhã, há uma grande concentração de crianças brincando e idosos tomando sol, em companhia de suas babás e acompanhantes. Por intermédio da babá de minha filha, havia agendado duas entrevistas com duas babás, as quais, a exemplo do que já havia ocorrido antes em outra ocasião, não compareceram. Enquanto esperávamos, a babá da minha filha esforçou-se por conseguir alguém que aceitasse ser entrevistado, e, conhecendo meu tema, iniciou por conta própria, na minha presença, uma entrevista com uma babá que passava. Logo, contudo, que mencionou o objetivo da conversa, a moça retraiu-se, passando a dar respostas lacônicas. No exato momento em que minha improvisada assistente lhe perguntava se costumava dar presentes a seus patrões, uma babá que chegava, ouvindo a pergunta — e inocente de seus objetivos[87] —, respondeu enfaticamente: "eu, hein, presente pra patrão? Ela não me dá nem papel higiênico e eu vou dar presente pra ela?"

Esta intervenção sugere que a assimetria encontrada nos depoimentos das patroas encontra seu correspondente lógico no discurso das empregadas. De um lado, uma patroa constrangida diante da hipótese de algum dia ganhar um presente de uma empregada; de outro, uma empregada que sequer admite a hipótese de dar um presente para sua patroa.

Entretanto, este "encaixe" perfeito dos depoimentos parece restringir-se a este traço mais geral dessas trocas. Um exame de algumas histórias narradas pela minha única entrevistada — somadas às histórias recolhidas informalmente na praça por minha assistente improvisada — monta um quadro mais nuançado destas dádivas.

Os critérios utilizados pelas patroas para escolher os objetos a serem dados às empregadas como presentes parecem nem sempre surtir o efeito desejado. Uma empregada contou que havia ganhado da patroa uma pulseira, acompanhada da informação de que era "folheada a ouro". A pulseira, contudo, arrebentou dias depois, suscitando a irritação da empregada, que afirmou ser aquela pulseira uma bijuteria comum, "de camelô", mostrando-se indignada com o fato de a patroa supô-la "ignorante": "então ela acha que eu não sei a diferença?" O mesmo tema está presente em outra história, desta vez acerca de

---

[87] A exemplo da outra babá, esta também, ao saber que se tratava de uma entrevista para minha pesquisa, retraiu-se imediatamente, com a espontaneidade de sua primeira intervenção cedendo lugar a um discurso evasivo e cuidadoso.

uma camiseta entregue em uma embalagem exageradamente grande. Segundo a empregada, a camiseta não havia sido comprada naquela loja, sendo o embrulho um engodo para valorizar o presente. Este engodo, contudo, não fazia muito sentido a seus olhos, porque a camiseta era de uma marca conhecida. Assim, a oferta de presentes supostamente pertencentes ao universo de consumo da patroa tem um efeito paradoxal, uma vez que gera, nas empregadas, um desconforto diante da suposição de que as patroas não as julgam capazes de "decodificá-los" corretamente — podendo ser enganadas com informações falsas (a pulseira folheada a ouro) ou com valorizações ilusórias (o embrulho grande demais) —, deste modo assinalando seu não-pertencimento a um universo de consumo acessível a pessoas de renda mais elevada.

Estas situações evidenciam justamente a adequação da visão das regras que orientam a troca de presentes como uma linguagem, cujo emprego — como em qualquer código lingüístico *stricto sensu* — é passível de gerar toda sorte de mal-entendidos. Em particular, mostram o potencial de insulto que, conforme assinalou Miller (1993), está contido em todo presente.

O critério do "supérfluo" pode também exercer um efeito paradoxal, chegando, em algumas situações-limite, a gerar situações cruéis. Uma empregada conta que, em um final de ano, sua patroa perguntou-lhe o que gostaria de ganhar. Estando em uma situação financeira particularmente difícil, respondeu que gostaria de ganhar dinheiro, não importando o valor: "qualquer coisa que a senhora vá comprar pra mim, mesmo que seja R$ 5, me dá o dinheiro em vez do presente". A patroa, contudo, não concordou, e presenteou-a com dois CDs. Após o Natal, a patroa perguntou-lhe como havia sido sua ceia, e ouviu perplexa a resposta: "horrível, porque eu não tinha dinheiro nem para comprar um frango". Segundo a empregada, a patroa ficou "cheia de lágrimas" com a resposta. O comentário de minha babá-assistente: "ela ali, sem dinheiro pra comprar comida e com dois CDs de R$ 30 na mão".[88]

O episódio é narrado como um exemplo do contraste entre a situação de ambas, atestando, assim, o efeito fortemente paradoxal que a oferta de um objeto "supérfluo" pode ter: em vez de facultar à empregada o acesso ao universo

---

[88] Se pensarmos nos sentidos atribuídos aos presentes em dinheiro que analisei em outro lugar (Coelho, 2001a), a história perde, contudo, qualquer conotação de indiferença da parte da patroa. Os presentes em dinheiro são, neste universo de camadas médias da Zona Sul do Rio de Janeiro, a não ser em determinadas relações de parentesco — de pais para filhos ou avós para netos — fortemente rejeitados, devido à associação do dinheiro com a impessoalidade, que o tornaria inadequado para a expressão das relações entre doador e receptor. A insistência em dar um objeto — e não seu valor em dinheiro — significa, assim, pela lógica deste universo, o desejo de expressar a relação, tarefa que o dinheiro não seria capaz de desempenhar. Este episódio, a exemplo da história da patroa que sabia o número do pé da empregada, ajuda também a demonstrar a possibilidade de outras formas de relação entre patroas e empregadas.

de consumo da patroa, os "supérfluos", ao serem dados *ao invés* do "essencial", assinalam sua exclusão até mesmo do provimento independente da própria subsistência.[89] Assim, longe de agradar e de suspender, ainda que temporariamente, a hierarquia, os "supérfluos" podem acabar por acentuá-la.

Um último episódio, narrado pela acompanhante entrevistada, permite fecharmos o quadro dessas trocas. Indagada quanto a um presente marcante, a entrevistada falou-me a respeito de uma lata de biscoitos que havia ganhado de sua patroa como presente de Natal, destacando-a como um presente que havia detestado. Suas razões para isto eram duas. Em primeiro lugar, em seu caso o presente era particularmente inadequado, porque não come biscoitos: "então ela não sabe que eu não como biscoito, não vê que eu vivo de dieta?". Em segundo lugar, o presente era ínfimo diante do que esperava ou julgava merecer: "ah, a gente trabalha o ano inteiro pra no final ganhar uma lata de biscoitos?"

Sua primeira reclamação constitui uma espécie de "resposta" a um traço apontado como recorrente no discurso das patroas ao expor seus critérios para escolher os objetos com que presenteiam suas empregadas: o desinteresse em relação às preferências pessoais. A entrevistada aponta justamente a desatenção da patroa para com seu modo de ser como uma razão para não apreciar o presente ganho, sugerindo ser esta mais uma fonte de insatisfação possível das empregadas com os presentes das patroas.

Sua segunda reclamação — o caráter irrisório da lata de biscoitos diante do seu trabalho de um ano inteiro — acrescenta um último elemento à caracterização dessas trocas. Aqui, a própria condição de dádiva é negada ao objeto ofertado, a lata de biscoitos sendo reduzida a uma forma de "remuneração" por seu trabalho, remuneração essa considerada ínfima. A resposta a esta "mesquinharia" da patroa vem sob a forma da escolha dos objetos a ela presenteados: "meias de R$ 3", único presente dado pela acompanhante à patroa, em todas as ocasiões. Estas "meias de R$ 3", cuja oferta é relatada em um tom ao mesmo tempo irritado e ressentido, respondem simultaneamente à lata de biscoitos e à cafeteira. Ínfimos quanto ao valor — como a lata de biscoitos —, são, contudo, por isso mesmo aceitos pela patroa como presentes — ao contrário da cafeteira —, encontrando seu lugar na cama da patroa, "junto com os outros presentes".

Esta estratégia encontrada pela acompanhante realiza uma dupla função: ao mesmo tempo que presenteia a patroa com algo de baixo valor — "revidando" os biscoitos com as meias —, consegue estabelecer uma espécie de "igualdade" com a patroa na condição de doadoras, na medida em que seu presente é reconhecido como tal — ao contrário da cafeteira, que "nem foi posta na cama". A lógica aqui parece obedecer à forma assumida pela equivalência no universo

---

[89] Aquilo que recai nas categorias "supérfluo" e "essencial" é, obviamente, uma construção nativa.

da dádiva (Godbout, 1999), no qual (ao contrário do mercado, regido pela impessoalidade) as características pessoais de doadores e receptores são levadas em conta no estabelecimento da equivalência. Meias de R$ 3 parecem ser entendidas como equivalentes a latas de biscoitos, no sentido de que são um presente adequado para ser oferecido por uma empregada à sua patroa.

O presente dado por essa empregada à sua patroa vem problematizar o modelo dessas trocas, esboçado a partir do discurso das patroas. Insistindo em retribuir materialmente os presentes recebidos, a empregada expressa-se no idioma das trocas de modo a reivindicar uma igualdade de condição, como doadora (e não só receptora). Seu sucesso — atestado pela aceitação plena do presente evidenciada por sua colocação ao lado dos outros presentes sobre a cama (devidamente registrada pela empregada) — deve-se, contudo, à sua "competência lingüística", que lhe permite observar as regras que governam tais trocas, em particular a norma da "equivalência relacional".

Tudo isto parece, contudo, conduzir-nos a um paradoxo. Aceitando retribuir com um presente de valor inferior, a empregada conseguiria estabelecer sua igualdade como alguém capaz de participar dessas trocas, neste movimento simultaneamente quebrando e confirmando a hierarquia que caracteriza a relação patroa-empregada. Mas será assim?

A literatura sobre a relação patroa-empregada é, segundo Rezende (1995), consensual ao apontar a exploração das empregadas pelas patroas como marca registrada desta relação. Esta visão desconsideraria, ainda segundo Rezende, a possibilidade de agência da parte das empregadas, as quais, de diversas formas, se insurgem contra este poder supostamente exercido de modo unilateral pelas patroas.

O modo pelo qual essas trocas são vivenciadas pelas empregadas aponta para uma forma sutil dessa agência. O modelo ideal da troca delineado no discurso das patroas é a oferta de um objeto em troca de um sentimento — a gratidão —, cuja natureza (com "gosto de servidão") atestaria justamente a superioridade da patroa sobre a empregada. Ao negar-se a ficar grata, revoltando-se contra a lata de biscoitos e revidando-a — em vez de retribuí-la[90] — com um par de meias, a empregada escaparia à "servidão" implícita na aceitação unilateral dos objetos ofertados.

Cultura e sentimentos

A análise do discurso das patroas acerca das trocas de presentes com suas empregadas permitiu o esboço de um modelo em que, do lado das patroas, te-

---

[90] A ambigüidade contida em todo presente, capaz simultaneamente de agradar e insultar, aparece com toda a clareza no título do artigo de Miller: "*Requiting the unwanted gift*". Diante da inexistência de um termo em português que condense os mesmos sentidos de "*requite*" — que, entre outras coisas, quer dizer "revidar" e "retribuir" —, resta o recurso de alternar as expressões em português.

mos uma oferta explicitamente admitida como obrigatória, interessada e para a qual não se espera (e, no limite, não se deseja) retribuição material. A retribuição esperada é de outra ordem: a expressão do sentimento de gratidão. Trata-se, assim, de uma forma de dádiva que foge ao modelo tradicional, no qual o presente é representado como espontâneo e sua retribuição vivida como obrigatória.

A comparação com o discurso das empregadas (ainda que, nesta pesquisa, de representatividade muito restrita) introduz uma nuance neste modelo. Sua expectativa em relação aos presentes dados pelas patroas — atestada pela irritação provocada pela lata de biscoitos — corrobora a vivência das patroas destas dádivas como obrigatórias; seu desinteresse em retribuir — como na reação espontânea da empregada que participou inadvertidamente de uma entrevista — confirma também a inexistência de uma reciprocidade necessária.

Assim, patroas e empregadas parecem concordar quanto às regras básicas que orientam estas trocas. Entretanto, a vivência subjetiva desta dádiva sugere haver, nestas trocas, uma dimensão na qual patroas e empregadas negociam visões conflitantes da relação que as une. É assim que a expectativa de suscitar um sentimento de gratidão nas empregadas mostra a visão sustentada pelas patroas desta relação como marcada pela hierarquia. Por outro lado, a negação deste sentimento pelas empregadas sugere seu poder de agência, pois a forma como vivenciam subjetivamente estas dádivas vem justamente expressar uma recusa do lugar a elas atribuído nesta hierarquia.

As relações trabalhistas — em particular do tipo doméstico, que envolve a aproximação de universos tradicionalmente separados na sociedade brasileira — vêm sendo utilizadas como espaço especialmente adequado para a reflexão sobre a cultura e a sociedade brasileiras. Estas relações dramatizam com particular nitidez a tensão entre igualdade e hierarquia apontada por DaMatta (1979, 1985) — hoje uma interpretação clássica — como central para a compreensão da cultura brasileira.

Entretanto, o modo como esta tensão é vivenciada na experiência cotidiana de indivíduos específicos permite introduzir nuances neste quadro. Se, por um lado, é incontestável a ambigüidade presente nesta relação entre o código relacional e a impessoalidade das leis trabalhistas,[91] a atenção para a vivência subjetiva desta tensão por parte de todos os seus atores revela outros aspectos da relação. É assim que o conflito entre a expectativa de gratidão das patroas e sua negação por parte das empregadas sugere uma recusa, da parte destas, do lugar de inferioridade que lhes é atribuído nesta "moldura" hierárquica na qual a relação es-

---

[91] Esta ambigüidade fica óbvia no depoimento de uma patroa, que implicitamente equipara o 13º salário pago à sua empregada a um presente: "pra empregada, mesmo que dê o 13º eu dou mais uma coisa simbólica, um presentinho pra ela". Para um exemplo semelhante desta mesma tensão, ver Azeredo (1989).

taria encaixada, suas reações de indiferença ou irritação para com os presentes recebidos funcionando como uma reivindicação de igualdade.

Esta "autonomia emocional" das empregadas diante dessas dádivas vem ainda ilustrar a fecundidade de uma perspectiva de análise dos fenômenos sociais atenta para a dimensão subjetiva da experiência individual. As trocas de presentes — "fatos sociais totais" que constituem tradicional via de acesso para as análises culturais —, ainda que governadas por conjuntos de regras compartilhadas pelos indivíduos membros de um mesmo grupo, são, acima de tudo, uma linguagem. Abordá-las por uma perspectiva pragmático-discursiva (em vez de tratá-las como um "sistema") permite dar conta das diversas mensagens que indivíduos específicos formulam, falando de si e das relações que os unem. Parafraseando os lingüistas, trata-se de pensar a "cultura em uso".

O percurso realizado aqui permite ainda ressaltar a relevância do estudo das emoções para a compreensão da cultura. Debatendo-se, já desde as formulações clássicas de Mauss (1980), com o problema da demarcação das fronteiras entre a psicologia e as ciências sociais, a análise antropológica das emoções conheceu várias versões, passando por abordagens essencialistas, historicistas e relativistas.[92] Em todas elas, contudo, trata-se de apreender a natureza das emoções *per se* — sejam elas inatas e universais, sejam construtos culturais. A abordagem contextualista proposta por Abu-Lughod e Lutz — de inspiração pragmático-discursiva — vem atribuir um novo *status* ao estudo das emoções. Elas passam a ser entendidas como fenômenos intersubjetivos, engendrados pela interação de indivíduos, transformando-se, de objetos estanques de análise, em via de acesso para a compreensão do modo pelo qual estas construções supostamente encompassadoras da experiência individual — a cultura, a sociedade — são realizadas na experiência concreta de atores sociais específicos.

É neste sentido que o estudo das emoções suscitadas pela troca de presentes pode contribuir para uma compreensão mais nuançada de aspectos "macro" da vida social, conforme procurei evidenciar através desta análise da (in)gratidão suscitada pela dádiva na relação entre patroas e empregadas domésticas.

No próximo capítulo, procuro avançar nesta proposta de exame das formas de articulação entre os níveis "micro" e "macro" da vida social, através do exame do ritual de troca de presentes no Natal. Entretanto, apesar da orientação "sistêmica" que o próprio recorte temático sugere, o viés adotado — o exame da plasticidade de suas formas para a dramatização de um mesmo sentido fundamental subjacente — busca estabelecer uma continuidade com o percurso delineado neste livro: a análise do modo pelo qual modelos compartilhados e estratégias individuais podem ser compatibilizados em um projeto disciplinar antropológico.

---

[92] Abu-Lughod e Lutz, 1990.

Capítulo 5

Os presentes de Natal: o "amigo oculto" e a afirmação da família

Na introdução a uma coletânea de ensaios publicada em 1993, Daniel Miller elabora uma "teoria do Natal", na qual discute os dilemas implícitos na crítica hoje tão comum ao Natal como um ritual que teria sido descaracterizado pela "mercantilização" expressa na intensificação do consumo gerada pela obrigação da troca de presentes. Para Miller, a tensão fundamental seria entre a concepção do Natal como um ritual de celebração da família — espaço marcado por relações de pura afetividade — e a noção, recorrente no senso comum, de que esta celebração da família estaria sendo conspurcada por um processo de "comercialização" — com sua associação à esfera impessoal do mercado. Esta crítica surge em vários países, de certo modo acompanhando a globalização do próprio ritual de Natal, difundido essencialmente por toda parte como afirmação da família.

A idéia deste capítulo é examinar o modo pelo qual os entrevistados descrevem e comentam as trocas de presentes nas quais se engajam com suas famílias (nucleares e extensas), procurando pensá-las em diálogo com algumas questões tratadas nos vários artigos integrantes da coletânea organizada por Miller. Para isso, estruturei o capítulo em duas partes, além desta introdução. Na primeira, exponho os principais pontos da "teoria do Natal' elaborada por Miller, seguida de um resumo das idéias de vários autores acerca do Natal nos Estados Unidos e na Inglaterra. Exponho também algumas considerações feitas por Lévi-Strauss (em artigo que abre a coletânea) sobre o significado da figura de Papai Noel e suas implicações para a compreensão do Natal como um ritual que fala de relações intergeracionais.

Na segunda parte, analiso os relatos dos entrevistados sobre as trocas de presentes em suas famílias.[93] Tomo como ponto de partida a forma "amigo ocul-

---

[93] Utilizo aqui o subconjunto de seis entrevistas realizado na segunda fase do projeto.

to", relatada em vários depoimentos como o sistema eleito por suas famílias para a troca de presentes no Natal. Nesta análise, enfatizo dois pontos: o lugar especial reservado às crianças neste ritual e o modo pelo qual a opção por esta forma de troca pode ser entendida como uma dramatização de seu sentido mais profundo de celebração da família. Finalmente, procuro atentar para as particularidades de cada família na forma de organização deste ritual, comentando-as à luz da noção de "gramaticalidade" como uma ponte para a compreensão das formas de articulação entre os códigos sociais e as experiências individuais.

Pressupostos teóricos

Lévi-Strauss: Papai Noel, a festa de Natal e a construção da infância

Lévi-Strauss toma como ponto de partida de sua análise um episódio ocorrido na França em 1951, em que membros do clero de Dijon promoveram uma queima pública da figura de Papai Noel em uma catedral, gerando um enorme debate público, no qual se opunham, de um lado, aqueles que denunciavam Papai Noel como uma figura pagã em desacordo com o sentido cristão do Natal, e, de outro, aqueles que defendiam sua imagem em nome dos sentimentos de pureza e afeto associados à infância. A questão formulada por Lévi-Strauss a partir deste debate, contudo, diz respeito menos ao significado da figura de Papai Noel para as crianças e mais ao mundo adulto que a inventou. Para ele, se trata de saber a que necessidade fundamental atende a invenção, pelos adultos, de um personagem a ser acolhido pela crença infantil.[94]

A análise de Lévi-Strauss gira em torno da característica de a figura de Papai Noel ser uma "divindade de um grupo etário". Este seria o primeiro sentido do estímulo à crença em Papai Noel: a delimitação da infância, através de um ritual de troca intergeracional. Lévi-Strauss recorre a rituais encontrados em sociedades tribais do Sudoeste americano — as katchinas — para apontar a existência de uma relação simbólica entre as crianças e os mortos, sugerindo ser esse o sentido subjacente à crença em Papai Noel (se entendida em referência aos rituais de iniciação): "[a revelação] de que, além do conflito entre crianças e adultos, está uma disputa mais profunda entre os vivos e os mortos".[95]

---

[94] Lévi-Strauss, 1993:39.
[95] Ibid., p. 46, tradução minha. Lévi-Strauss chega a esta conclusão acerca da existência de uma relação entre as crianças e os mortos através da análise do mito de origem das katchinas: estas seriam as almas das primeiras crianças nativas, que teriam se afogado em um rio. É por esta razão que elas precisam ser excluídas do mistério: porque são elas mesmas as katchinas. O percurso da análise de Lévi-Strauss é obviamente mais complexo do que o exposto aqui; entretanto, acompanhá-la passo a passo excederia em muito os propósitos desta exposição de suas idéias sobre o Natal.

Ao acompanhar a história do ritual do Natal desde sua versão medieval, Lévi-Strauss sublinha a circunscrição moderna desta festividade a dois grupos: os adultos e as crianças, com a exclusão dos jovens (outrora responsáveis pela manifestação de comportamentos agressivos exacerbados). Destacando a preocupação moderna dos adultos nos tempos de hoje em preservar a crença infantil em Papai Noel, sugere uma explicação para isto:

> Não seria porque, lá no nosso íntimo, há um certo desejo de crer em uma generosidade ilimitada, em uma gentileza sem motivações ocultas, um breve intervalo durante o qual todos os medos, invejas e amarguras estariam suspensos? Sem dúvida não nos é possível vivenciar plenamente esta ilusão, mas compartilhá-la com os outros nos dá ao menos uma chance de aquecer o coração na chama que brilha nas almas mais jovens. A crença que ajudamos a perpetuar em nossas crianças de que seus brinquedos vêm de "lá" nos fornece um álibi para nosso próprio desejo secreto de oferecê-los àqueles que estão "lá", sob pretexto de dá-los às crianças. Deste modo, o Natal representa um verdadeiro sacrifício à doçura da vida, que consiste em primeiro lugar e principalmente em não morrer.[96]

Miller: a tensão família-materialismo no Natal

Em sua proposta de elaboração de uma "teoria do Natal", Miller (1993) aponta três razões principais que justificariam a atenção dispensada a este ritual:

▼ o recente processo de globalização de que foi objeto;

▼ sua fecundidade (seguindo a pista das reflexões de Lévi-Strauss) como forma de compreensão da natureza da vida social;

▼ a compreensão da forma como se articulam alguns aspectos-chave da vida contemporânea — "as moralidades religiosa e secular, o papel das famílias contemporâneas e a ameaça colocada pela escalada vertiginosa do materialismo".[97]

Partindo de uma comparação sob a perspectiva histórica do Natal com outras festividades, Miller aponta a unanimidade atual no reconhecimento do lugar central ocupado pela família nas celebrações do Natal. Para o autor, o Natal moderno seria "uma festividade em cujo cerne está a relação entre pais e filhos, constantemente refletida no foco doméstico encontrado na celebração do Natal e na importância (...) da família como um idioma para a socialidade mais

---

[96] Lévi-Strauss, 1993:50, tradução minha.
[97] Miller, 1993:35, tradução minha.

ampla".[98] Em sua versão atual, o Natal teria um papel central "na objetificação da família como *locus* de uma poderosa sentimentalidade e devoção".[99]

Miller toma como fio condutor de suas reflexões a crítica recorrente encontrada no senso comum ao comércio e ao "materialismo" a ele associado como instâncias de "contaminação" do Natal, capazes de "destruir seu espírito". Nesta crítica, a família aparece em uma relação de oposição com o comércio, relação esta que Miller entende como uma versão de uma oposição clássica e fundamental no pensamento antropológico: a oposição entre dádiva e mercadoria.

A forma que o consumo assume no Natal apareceria como uma maneira de resolução deste conflito. O comprar para presentear — com ênfase na família como principal receptor das dádivas — seria uma maneira de efetuar a passagem do universo das mercadorias para o mundo das dádivas, em um papel que Miller aponta como cada vez mais comum no consumo de massa: "a negação da natureza abstrata da mercadoria através de rituais de apropriação por meio dos quais grupos sociais (neste caso particularmente a família) são criados".[100]

Neste sentido, o "espírito do Natal" — em sua versão consagrada por Charles Dickens no famoso conto *A Christmas carol* — seria o operador da transformação, capaz de fazer com que mercadorias impessoais se transformem, *por meio de uma forma específica de consumo, isto é, como dádivas trocadas no seio das famílias tendo como motivação fundamental o afeto*, em veículos para a consolidação de laços sociais, permitindo, assim, ao sujeito fugir da mercantilização e impessoalidade que caracterizariam o mundo moderno. É esta a preocupação implícita na crítica à "comercialização" do Natal, que teria como contraponto a emergência da noção de um "espírito de Natal". Para Miller, "é [d]o espírito do Natal que se espera a transmutação da imagem de mercadorias fetichizadas como a morte da vida social autêntica nos próprios instrumentos para esta visão crucial da socialidade pura".[101]

É esta tensão entre a família e a mercantilização, entendida como versão natalina da oposição fundamental entre a dádiva e a mercadoria, que orienta diversos estudos de caso que compõem a coletânea e que examinam os rituais de celebração do Natal em diversas sociedades complexas contemporâneas.

O Natal norte-americano: o consumo da dádiva

Carrier examina a versão norte-americana da condenação ao materialismo no Natal. Para ele, o foco desta crítica nos Estados Unidos seria a suposta ex-

---

[98] Miller, 1993:12.
[99] Ibid., p. 15, tradução minha.
[100] Ibid., p. 19.
[101] Ibid., p. 31.

cessiva importância atribuída ao presente em si e o concomitante desinteresse pelos afetos embutidos na troca.

Partindo de Mauss e recorrendo às formulações teóricas de Gregory e Parry acerca da distinção entre mercadoria e dádiva, Carrier (1993:56) propõe a noção de "posse" para designar a existência de uma relação de identidade entre possuidor e objeto. Para ele, o principal problema colocado pelo sistema capitalista ao universo da dádiva é a incongruência entre a necessidade de que presentes sejam posses — ou seja, de que ao dar se esteja dando algo de si — e a ocorrência destas trocas em um mundo regido por uma economia de mercado, em que os objetos a serem constituídos em posses e ofertados como dádivas provêm de um sistema de produção e circulação de bens regido pela impessoalidade, sendo em sua origem mercadorias.

Apoiando-se em trabalhos realizados sobre as trocas de presentes junto a segmentos da sociedade norte-americana, Carrier mostra algumas das regras que orientam essas trocas. Assim, de acordo com os dados de Caplow (1984), o Natal norte-americano é um momento quase exclusivamente familiar. Entretanto, há distinções na forma de presentear relativas aos graus de parentesco entre doador e receptor, como mostra a diferença na forma da reciprocidade entre pais e filhos — em que não há preocupação com a equivalência ou mesmo com a própria reciprocidade material — e na forma de reciprocidade entre parentes colaterais — com uma preocupação muito mais acentuada com uma equivalência aproximada entre os presentes trocados. Ryans (1977) encontra uma lógica semelhante, mostrando, além disso, que no âmbito da família nuclear o critério fundamental que orienta a escolha dos presentes é a preocupação com os desejos e necessidades do receptor.

Carrier prossegue seu argumento examinando as formas americanas de lidar com a contradição entre a mercadoria e a dádiva, entre elas a ênfase no afeto implícito na dádiva, em detrimento do objeto material ("o que vale é a intenção"), e o ato de embalar como forma de investir o objeto de afeto.

O ponto central da análise de Carrier acerca do modo pelo qual a mercadoria e a dádiva se articulam no Natal norte-americano está em seu exame do ritual das compras. O autor destaca a sensação de ônus recorrente no discurso dos norte-americanos ao falar das compras de Natal. Para Carrier (1993:63), é essencial que o comprar seja entendido como *parte integrante do Natal*, como aquela dimensão do ritual responsável pela transformação da mercadoria em posse, demonstrando, assim, a possibilidade de "recriação de relações pessoais com os objetos anônimos disponíveis". Em suas palavras:

> É um erro pensar no Natal isoladamente, vê-lo como apenas uma celebração e recriação da família e da amizade. Ao contrário, é uma celebração e recriação que precisa ser vista em seu contexto socioeconômico. Os americanos vêem a família e a amizade como cercados pelo mundo impessoal "lá fora", o mundo do trabalho e das mercadorias alienadas. São as compras de Natal que

lhes provam que podem criar uma esfera de amor familiar diante de um mundo de dinheiro. Comprar é um ingrediente-chave do Natal.[102]

Esta interpretação do papel simbólico do consumo permite a Carrier propor também uma explicação para a recorrência das reclamações quanto ao ônus das compras: afirmar simultaneamente a impessoalidade do mundo comercial e a própria capacidade de resgatar os valores familiares. Carrier ressalta, contudo, que este modelo proposto tem seu alcance restrito às sociedades que articulam família e economia como duas áreas da vida distintas. É com base nesta distinção que, segundo Parry (1986, apud Carrier), emerge o "presente afetuoso", cuja história supõe uma divisão acentuada do trabalho e a emergência do comércio, permitindo uma diferenciação marcada entre mercadoria e dádiva.

É este contexto que explica, para Carrier (1993:69), a atração moderna por essa forma de celebração do Natal, que acentua a distinção entre as relações familiares e aquelas encontradas no mundo externo. É por esta razão que o autor insiste na importância de considerar as compras parte integrante do ritual de Natal, e não um "ônus" cujos excessos "conspurcariam" o Natal com um tom mercantilizado. Carrier consegue, neste movimento de inclusão do comprar no ritual de Natal, fugir à armadilha conceitual de endossar, no plano teórico, as queixas do senso comum à intrusão da comercialização nas celebrações.

O Natal na Inglaterra: celebração versus *declínio da família*

Kuper (1993) principia sua análise da forma de comemoração do Natal na Inglaterra assinalando ser esta festividade aí também uma celebração da família, de maneira nacionalmente uniforme: para ele, o Natal inglês é uma "celebração simultânea da Família Sagrada, da Família Real e das famílias domésticas em todo o país".[103] Entretanto, esta concepção do Natal cria um paradoxo, uma vez que sua emergência se dá paralelamente a um movimento de declínio da instituição familiar na Inglaterra.

Kuper dedica seu trabalho ao exame deste paradoxo, buscando, com base nas teorias clássicas dos rituais, uma forma de compreensão da função desempenhada por esta forma de celebração do Natal. Seu ponto de partida é a contestação de que este seria uma expressão de um anseio nostálgico pela comunidade e pela segurança. Para ele, embora a estabilidade ritual seja uma resposta possível a momentos de mudanças sociais, não seria este o caso do Natal moderno inglês, uma vez que, concomitantemente à sua ascensão, deu-se a erosão de outros grandes rituais vitorianos centrados na família.

---

[102] Carrier, 1993:63, tradução minha.
[103] Kuper, 1993:159, tradução minha.

O caminho tomado pelo autor para buscar uma explicação alternativa é o exame da "imagem particular de família construída no Natal".[104] Entre as regras da celebração do Natal, Kuper destaca: a celebração com a família no espaço doméstico; a proibição do trabalho, com a concomitante ausência de transporte público; a prescrição de um ambiente de paz; o incentivo à generosidade. Deste inventário, o autor extrai a conclusão de que

> O Natal deve, assim, ser concebido menos como uma celebração explícita da "família" e mais como uma criação de um tempo sagrado que define e inverte determinadas regras cotidianas. Estas regras dizem respeito sobretudo ao trabalho, à hierarquia, ao sexo e, de forma mais geral, à economia política da vida cotidiana.[105]

Kuper recorre, então, a Mauss e à sua descrição das economias antigas como baseadas na dádiva para sugerir que a economia do Natal, regida pelos princípios da caridade e do serviço, estaria desempenhando a função de construção de uma "realidade alternativa":

> uma comunidade sem brigas, marcada pelo cuidado com os fracos e solitários, pela inclusão dos proscritos e na qual os serviços e dádivas são motivados pelo amor, onde todos estão felizes. Esta realidade exclui o trabalho motivado pelo ganho, a hierarquia e os conflitos.[106]

Esta análise proposta por Kuper é contestada por Searle-Chatterjee, que, em artigo incluído na mesma coletânea, empreende uma análise comparativa das trocas de cartões e de presentes na Inglaterra. A partir dessa comparação, a autora traça um painel em que relaciona as formas de troca de cartões e/ou presentes aos tipos de relação existentes entre doador/receptor (parentesco em variados graus, amizade, trabalho etc.). A exemplo de outros autores, constata a concentração da troca de presentes no âmbito da família e identifica dois padrões de troca no Natal: a "gratificação ritualizada" — em que a troca se dá de forma altamente regulada, envolvendo espaços, seqüências temporais, formas de apresentação etc. — e a "gratificação centrada na criança" — em que a quase totalidade dos presentes é destinada às crianças, que os abrem na cama, individualmente, sem maiores elaborações rituais.

A autora utiliza esses padrões de troca como argumento para a contestação da sugestão de Kuper de que a celebração da família no ritual natalino inglês seria uma forma de criação de um "mundo alternativo". Sua idéia é que a

---

[104] Kuper, 1993:164.
[105] Ibid., p. 167.
[106] Ibid., p. 171.

troca de cartões e de presentes integra um mesmo sistema simbólico, e que, em vez de criar um "mundo alternativo", desempenharia o papel de "dar forma material, e assim encarnar, algumas das realidades subjacentes às relações sociais na Inglaterra hoje".[107]

O "amigo oculto": os rituais de troca natalina no universo dos entrevistados

Os trabalhos aqui discutidos sobre o Natal moderno são unânimes em reconhecer sua configuração atual como um ritual de celebração da família. Recorrente é também a percepção do lugar especial ocupado pelas crianças nesta festividade, e demarcado pela natureza singular do papel por elas desempenhado como receptoras preferenciais das dádivas. Nesta seção, gostaria de examinar como estes temas surgem nos depoimentos dos entrevistados acerca das trocas de presentes nas quais se engajam por ocasião do Natal.

As trocas natalinas: crianças, filhos, gerações

A família é o foco evidente das celebrações de Natal dos entrevistados. É com ela que todos passam o Natal e é no seu interior que ocorre a maior parte das trocas de presentes. O modo pelo qual estas trocas se dão não é, contudo, perfeitamente homogêneo, havendo uma série infinita de pequenas variações. Para além disto, entretanto, é possível divisar uma maneira de trocar cuja recorrência como forma ritual para a troca de presentes no âmbito da família extensa faz-se notar nos depoimentos: o "amigo oculto".

O "amigo oculto" é uma forma de troca de presentes que consiste em sortear, para cada um dos participantes, outro participante a quem o primeiro deverá presentear. Sua identidade, contudo, só é conhecida (ao menos idealmente) no momento da troca, devendo permanecer em segredo até lá. As maneiras de organizar este sistema de troca podem variar em função de alguns aspectos-chave:

▼ a definição (ou não) de um valor para os presentes a serem trocados (ou de uma faixa de preço, com valor mínimo e máximo);

▼ a escolha livre ou orientada dos objetos a serem doados (com os participantes podendo sugerir o que gostariam de ganhar, de forma mais ou menos precisa);

▼ a presença ou ausência de alguma forma ritual para o momento da troca, com os participantes podendo oferecer pistas para que os demais adivinhem a quem darão seu presente (através de pequenos textos ou de "teatralizações", por exemplo).

---

[107] Searle-Chatterjee, 1993:190, tradução minha.

O "amigo oculto" realizado nas famílias dos entrevistados varia muito em relação a esses e outros aspectos, conforme veremos na segunda parte desta seção. Um tema, contudo, impõe-se em todos os depoimentos: o lugar especial reservado às crianças nesta troca — ou, mais precisamente, fora dela.

A principal forma de demarcação desta natureza "especial" do espaço infantil no amigo oculto é justamente sua exclusão. As entrevistadas que relatam participar de trocas deste tipo com suas famílias extensas enfatizam logo de início que as crianças estão fora desta troca, sendo presenteadas independentemente de serem sorteadas como "amigo oculto". Esta "exclusão" diz respeito principalmente aos próprios filhos, podendo também incluir outras crianças da família entendidas como "mais próximas" (sobrinhos, por exemplo). É interessante que esta exclusão é descrita como "óbvia" e "lógica", como algo que dispensa maiores explicações, como no depoimento de Glória:

> *Natal é amigo oculto. Natal é assim, não, as meninas, filhas, minhas filhas, fora, lógico, ganham presente, a gente dá presente pra elas, é, eu dou presente pro [marido], normalmente, ele dá pra mim, quando a gente está muito duro (...) a gente combina de não dar presente um ao outro. E a gente faz, as crianças. As crianças estão fora do amigo oculto, assim, no sentido... mas aí as famílias se multiplicam, os laços de família. Eu, por exemplo, dou pros filhos da minha irmã e pros filhos dos irmãos do [marido].*

Um segundo relato que demarca este caráter "natural" da exclusão dos filhos deste sistema de troca aparece no depoimento de Lúcia, uma entrevistada que costuma realizar no Natal, com o marido e seus dois filhos, um amigo oculto restrito à sua família nuclear. Entretanto, além do presente dado ao "amigo oculto" sorteado, ela dá outros presentes a seus filhos, hábito este relatado no mesmo tom de *"ça va sans dire"* presente no depoimento de Glória:

> *[Mas Natal vocês dão presente. No amigo oculto, é só esse presente, se você tirar o [filho], você só vai dar presente pra ele?] Absolutamente. Imagina, se eu vou dar só o presente do amigo oculto. Não, eu compro presente pros meninos também, independente do amigo oculto. [Então o [filho], se for o amigo oculto, ganha dois?] É, pode até ganhar mais, pode ganhar de Natal alguns e o amigo oculto. Se for eu, ele vai ganhar... o amigo oculto é um presente especial, que não tem nada a ver com os presentes... os meninos também me dão, e dão pro [marido], um presente de Natal, independente do amigo oculto.*

Outra forma de demarcação do lugar especial das crianças no sistema das dádivas no Natal é a opção, presente nas famílias de duas entrevistadas, de realizar um amigo oculto somente entre as crianças da família. Dois depoimentos:

> *Mas, por exemplo, na família da minha mãe, nós, primos, fazemos o amigo oculto das crianças, entendeu? Então a gente faz, tira, sorteia, e eles se dão presentes. [E*

> os adultos não se dão presentes?] Os adultos, na família da mãe, a gente faz um Natal grandão, com a família toda, amigo oculto. E na família do [marido] também é amigo oculto.
>
> (Glória)

> Natal a gente faz amigo oculto, entre as crianças, só. Nem os adultos fazem. Aí faz o amigo oculto entre a garotada, e aí eles mesmos assim compram, porque já tão todos crescidos, os primos, o mais novo é meu filho, que está com 14 anos. Então eles mesmos dizem, quero dar tal coisa pra Fulano, pra Beltrano...
>
> (Laura)

Uma alternativa para demarcar este lugar especial ocupado pelas crianças no Natal aparece no depoimento de uma entrevistada, cuja família realiza um tipo muito peculiar de "amigo oculto", no qual não há qualquer troca de presentes (ao menos não no sentido mais convencional, conforme discutirei mais adiante). Entretanto, esta família não só preserva o costume de dar presentes às crianças pequenas como mantém o ritual de entrega através de Papai Noel:

> Mas com o tempo isso até hoje a gente abriu mão, quer dizer, continua assim só pras crianças bem pequenininhas, aí a gente dá presente, porque... [Vocês dão só pras crianças pequenas? Por quê?] Mais por uma questão até mesmo de... Papai Noel, este ano a gente inclusive fez um Papai Noel chegando, uma sobrinha arranjou a roupa, o outro se vestiu, entendeu, então, para as crianças a gente mantém esse ritual. E para um dos meninos, que já está agora crescendo, já está com 10 anos, que ainda tem essa expectativa, a minha...
>
> (Rita)

Esta atribuição de um espaço especial às crianças nas trocas de presentes no Natal apresenta, contudo, algumas variações quanto aos critérios utilizados. O primeiro aparece no depoimento acima, sendo um critério etário. Sua demarcação, contudo, não é nítida, conforme sugere a hesitação presente na fala final deste último depoimento (o menino que "já está crescendo", mas em relação ao qual há "ainda essa expectativa").

O segundo critério diz menos respeito à idade e mais à ordem de nascimento. Por este critério, não são tanto as crianças *pequenas* quanto as crianças *menores* que ocupam lugares especialmente demarcados nas trocas de Natal:

> As mais velhas, hoje em dia, eu pergunto, e hoje em dia até saio com elas muitas vezes pra comprar, que já estão numa idade que... eu sempre procuro, de brincadeira, fazer uma surpresa, assim, elas me pedem, a gente compra junto e eu compro uma besteirinha que eu ache que... pra fazer uma farra, botar na árvore, e tal. E a [filha

menor] agora está naquela fase meio que já abandonou um pouco a crença no Papai Noel, mas eu meio que invento a brincadeira do Papai Noel. Então, ela escreve uma carta pro Papai Noel, supostamente, que ela põe na árvore, como todo ritual e na noite de Natal, apesar dela já saber e rir e dizer que sou eu, eu faço todo o ritual, ela desce, geralmente eu invento que eu atrasei, esqueci alguma coisa aqui em cima e elas descem e eu sempre fico aqui, boto o presente dela na árvore, deixo a janela meio aberta, mando ela botar sapato, entendeu. Eu acho que... e ela fica aflita pra chegar em casa, 4h, 3h da manhã pra ver o presente... Este ano ela falou, "mãe, você que dá?", "minha filha, vamos no barato, não importa, importa é que... legal, o presente, Papai Noel, e tal", então tem, eu faço isso, eu gosto.

(Glória)

Este segundo critério nos fornece a pista para compreender a regra fundamental que atribui a alguns membros da família este lugar especial nas trocas. Não se trata exatamente de um critério etário, mas sim da *posição relacional* ocupada pelos indivíduos naquele grupo. É assim que muitos filhos "excluídos" do amigo oculto para serem privilegiados com a oferta de presentes são já jovens adultos. É na condição de *filhos*, portanto, e não de *crianças*, que ocupam um lugar especial, conforme apontava Miller ao caracterizar o Natal moderno como uma "festividade em cujo cerne está a relação entre pais e filhos".

O depoimento de Glória, comentando a inadequação dos presentes em dinheiro no Natal, faz uma ressalva que parece confirmar essa hipótese: "Então se eu fosse criança, eu pudesse, eu pediria, olha, me dá dinheiro que eu quero comprar um computador. Eu ia adorar fazer isso, mas não dá, mais, muito... A não ser minha mãe...".

Ou seja: na condição de *filha* — independentemente de sua idade — alguns privilégios podem ser solicitados. É nesse sentido que, como afirmou Lévi-Strauss, o Natal moderno tem seu foco na realização de uma troca *intergeracional*.

O sentido do ritual: a "família oculta"

A forma "amigo oculto" de trocar presentes aparece com freqüência nos depoimentos. Na maior parte dos casos, estas trocas acontecem no âmbito das famílias extensas, mas podem ocorrer também entre grupos de amigos ou mesmo em uma família nuclear, como no caso já citado. Nesta seção, gostaria de expor em detalhes como as famílias de algumas entrevistadas organizam suas trocas de presentes no Natal sob este formato do "amigo oculto", para, a partir daí, discutir a percepção apontada por Miller do Natal moderno como um ritual de celebração da família.

Falando sobre a festa de Natal de sua família, Rita contou uma espécie de "evolução" por que passou a forma de trocar presentes. O primeiro momento, mencionado sem qualquer descrição, foi o "amigo oculto". Em seguida, sua família optou por outro modelo de amigo oculto:

> Hoje, a gente foi gradativamente chegando a isso, não há assim uma troca muito grande de presentes. Há, mas não... a gente passou por um amigo oculto, depois virou um amigo oculto sem nome, no caso, porque a gente só levava assim, os homens levavam uma coisa pra homem, mulher pra mulher, entendeu, e a gente fazia muito mais uma brincadeira, uma coisa conjunta do que...(...) É, na família maior.

O que se depreende é que, de um modelo tradicional de "amigo oculto", no qual a participação se dá na qualidade de doador de um presente para um receptor específico definido por sorteio antecipadamente, a família de Rita passou para um modelo em que os presentes eram escolhidos tendo em mente apenas o gênero do receptor, com sua identidade pessoal sendo definida na hora da troca, esvaziando, portanto, o caráter de uma expressão de afeto dirigida individualmente (de resto já diminuída no modelo do amigo oculto em relação às formas diádicas da troca, uma vez que não se escolhe a quem dar presentes).

Este amigo oculto tinha dois momentos: o sorteio para a troca do presente levado e outro presente ao qual a entrevistada se refere como "de brincadeira", definido como algo "que não tivesse nada a ver", cuja função era criar um "clima de descontração". Com o tempo, contudo, a família abriu mão mesmo dessa troca:

> Mas com o tempo isso até hoje a gente abriu mão, quer dizer, continua assim só pras crianças bem pequenininhas, aí a gente dá presente. [Por quê?] Porque foi assim de comum acordo que é uma época estressante, que todo mundo fica tendo que sair pra comprar as coisas, então por isso que a gente assim... [Não tem nem o amigo oculto atualmente? [Não, não tem nem o amigo oculto. Tem uma coisa junto das crianças. Mas é porque o meu Natal tem uma configuração muito diferente da questão, assim, tradicional, entendeu? [Por quê?] Porque ele parece muito mais um Ano Novo. É o momento realmente de reunião da família, é na minha casa, quer dizer, eu sou o ponto de referência, quer dizer, eu sou a filha mais velha, mas não é por isso... mesmo pelo lado do meu marido, e... junto as duas famílias, mas todos sempre na minha casa...

A razão alegada é o estresse provocado pela obrigação das muitas compras em um período curto de tempo. A ênfase parece estar na reunião da família em si, sem ter como foco a troca de presentes. O amigo oculto "de brincadeira" parece cumprir esta função, engendrando um momento lúdico de congraçamento:

> Era assim... tipo de coisas que tinha que ter um valor... um custo... quer dizer, um valor, mesmo, baixo, e que você pudesse ser criativo, encontrar alguma coisa que fosse pra brincar, entendeu, às vezes um determinado produto, ou até que não fosse

nem usado, mas muito mais pra fazer, tipo (...) É, eu lembro assim, não sei se a gente usava, eu me lembro que às vezes tinha alguma coisa assim, ah, dava uma verdura, ou dava um produto de limpeza, ou dava um xampu de caspa, umas coisas que fossem fora do contexto, entendeu? Mas era pra brincar, até. Saiu Fulano, e tudo o mais.

O estágio atual das trocas de Natal nesta família é a realização de um "bolão" em substituição ao "amigo oculto". O "bolão" é a forma assumida pelo presente, conforme relatado:

A maneira única que a gente tem é que a gente faz uma coisa... que esse também permanece, quer dizer, o presente. Na verdade, é o seguinte: a gente recolhe um valor, no dia, de cada pessoa que está ali presente e sempre tem então um que... a gente coloca dentro de uma cartola os nomes das pessoas e faz um sorteio, como se fosse um bolão. Entendeu? Então, vai tirando o nome, quer dizer, um tira o nome, o último vai ser o vencedor... (...) Isso permanece até hoje. Aí tem... Então, esse bolão é o famoso (...) quando se tira o nome, aí você faz uma brincadeira, Fulano, te tira, olha só, você vai sair, você vai perder... Então, ficou esse o presente oficial. Quer dizer, alguém vai receber, alguém recebe em dinheiro, e aí teve uma combinação sempre entre os dois últimos, alguma coisa de percentual, divide, não divide (...) E aí a expectativa no caso desse dia gira em torno desse bolão, que é o presente que vai ser dado, entendeu? [Tem alguma coisa do tipo depois os outros saberem o que é que comprou?] Não, termina ali. Ai, que bom, tava dura, tava precisando desse dinheiro, essas coisas do gênero, entendeu? Fica só por ali.

Neste percurso, a família acabou chegando a um modelo em que todos presenteiam um (ou dois), sendo que os receptores são escolhidos de modo inteiramente aleatório e em meio a um ambiente de jocosidade. Neste modelo, o que parece estar enfatizado é que todos participam da troca na condição de doadores e receptores, uma vez que, pela própria natureza aleatória da forma sorteio, qualquer um poderia ser o receptor. Passa-se, então, de um modelo em que todos participam da troca sob a forma de um conjunto de trocas diádicas para um modelo em que a participação de todos na condição de receptor ocorre apenas como *potencial*, sendo, contudo, *realizada* no ritual de congraçamento que cerca a definição do receptor efetivo.

O ritual elaborado por esta família parece colocar em relevo aspectos das trocas de presentes do Natal vivenciados sob outras formas rituais pelas famílias de outras entrevistadas. Antes, contudo, de sublinhar estas recorrências, gostaria de expor brevemente como duas outras famílias realizam seus "amigos ocultos".

Na família de Glória, em um almoço anterior ao Natal realiza-se o sorteio da pessoa a ser presenteada e estipula-se uma "faixa" de preço (embora a entrevistada enfatize a elasticidade desta faixa, conforme depoimento analisado no capítulo 3) ou mesmo objetos desejados. O momento da troca, no Natal, é marcado por pequenos rituais de adivinhação da identidade do receptor, em um clima também de jocosidade:

> *Tem, tem um ritual. De muitos anos. Na família, no Natal da minha mãe, até o ano passado a gente, há muitos anos até, a gente escreve alguma coisa pro amigo oculto de maneira que todo mundo adivinhe quem está dando e quem está recebendo. O barato era esse. (...) Tem uma pessoa que é a leitora, a gente seleciona uma pessoa, que geralmente são os sobrinhos mais moços, e eles lêem todos os cartões... A gente chega lá, muita gente faz em cima da hora, outros já levam pronto, e aí a gente lê e o barato é adivinhar, cada um vai descobrindo e quem vai, vai chamando o outro, vai dando o presente, e tal... Mas só uma pessoa lê. No ano passado a gente deu uma mudada porque estava meio cansada disso. A gente fez agora não tendo que adivinhar quem está dando, porque era meio complicado, e a gente está pensando em inventar alguma coisa diferente, assim, fazer uma coisa menos... [Você se lembra de algum episódio engraçado, constrangedor?] Vários, muitos engraçados. Constrangedor não, nunca. Mas sempre muito engraçados. Porque a família é muito engraçada, assim, todo mundo muito coração, todo mundo... e vários episódios engraçados, caricatos. Porque cada um tem um pouco um papel na família, uma é a "matriarca" da família, outra é a generala, outra é não sei que, a outra... está sempre atrasada, cada um tem um estereótipo, assim, e sempre as brincadeiras, óbvio, pra adivinhar, giram em torno um pouco disso. Então, é muito engraçado, se fantasiar pra entregar o presente, ou ter uma música especial, ou os cartões são sempre...*[108]

O amigo oculto da família de Laura segue um esquema semelhante, embora a participação na troca em si seja restrita à geração mais jovem. Os demais, contudo, participam do ritual com comentários e brincadeiras, como uma espécie de platéia participativa, conforme ela descreve:

> *Tem, tem, eles sempre sentam em volta da árvore, a família do meu marido é toda estrangeira, tem suíço, tem alemão, tem americano... e eles têm uma festa de Natal muito bonita. A festa geralmente é na casa de um primo do meu marido que mora numa casa muito grande e tem aquele pinheiro enorme, aí acendem as velinhas todas no pinheiro, é uma velinha pra cada sobrinho apagar e fazer um pedido, e nós ficamos todos em roda de mãos dadas em volta da árvore, os adultos e a garotada, aí se cantam várias canções de Natal em inglês, e aí depois a garotada senta, aí começa o amigo oculto com aquele esqueminha, fala uma coisa sobre um primo e tal, aí todo mundo descobre (...) A gente participa em volta, rindo e falando uma coisa e outra, mas é mesmo entre eles.*

---

[108] É interessante assinalar que esta atribuição do papel de "mestre de cerimônias" aos membros da geração mais jovem é também encontrada por Searle-Chatterjee (1993) em sua descrição dos padrões de troca encontrados nas famílias inglesas, o que parece ser mais uma forma de dramatização da centralidade da infância no Natal moderno.

É interessante que, embora seja "entre eles", a entrevistada implicitamente se inclui no ritual, como quando afirmou que "Natal a gente faz amigo oculto, entre as crianças, só". A mesma situação encontra-se no relato de Glória, quando conta que "a gente faz o amigo oculto das crianças, entendeu? Então a gente faz, tira, sorteia, e eles se dão presentes". Ou seja: mesmo que apenas as crianças troquem presentes, a família inteira participa do ritual de troca.

Em sendo assim, de que fala esta opção por este modelo de troca? Por que substituir a forma convencional de um conjunto de trocas diádicas realizadas simultaneamente por este modelo — com suas inúmeras variações — do "amigo oculto"?

As explicações apresentadas pelos entrevistados para a opção por este modelo são da ordem da racionalização, girando em torno do ônus (em termos de tempo e dinheiro) provocado pela necessidade de presentear um conjunto grande de pessoas simultaneamente. Entretanto, o modo como discorrem sobre seus rituais, em um tom que enfatiza a jocosidade, o congraçamento familiar e o afeto — sem qualquer espaço para, por exemplo, sentimentos de nostalgia ou tristeza diante da impossibilidade de presentear a todos — sugere que há algo mais em jogo.

Rita fala de sua festa de Natal como "uma coisa conjunta", um "momento realmente de reunião da família". Este parece ser o sentido implícito também no depoimento de Laura, quando descreve sua família cantando de mãos dadas em um roda em torno da árvore de Natal. É, contudo, na fala de Glória que este sentido é expresso com absoluta nitidez:

> O barato do amigo oculto é que o cartão é sempre mais legal do que o presente, o presente é uma mera... o barato do Natal é na hora que todo mundo senta, fica todo mundo sentado pra ler o cartão. Aí é que é legal, o barato do Natal é o amigo oculto, não é o presente. Isso é legal.

A opção pelo "amigo oculto", assim, realiza mais do que resolver dificuldades de ordem pragmática. Longe de ser vivida com tristeza, como perda da possibilidade de expressão afetiva pelos parentes através das trocas materiais, o "amigo oculto" é vivido como um momento de congraçamento familiar, apresentando, no uso que estas famílias fazem desta forma ritual, uma "eficácia simbólica" particular. Pois é justamente na substituição de um conjunto de trocas diádicas simultâneas por uma única troca, em que todos são, no plano potencial, receptores e doadores para todos, que o ritual do "amigo oculto" realiza o sentido moderno do Natal como uma festa de celebração da família, constituindo um momento de congraçamento de todos com todos, simultaneamente.

Este parece ser o sentido do "amigo oculto" realizado por Lúcia com sua família nuclear. A peculiaridade deste amigo oculto está em que todos os participantes trocam presentes entre si por ocasião do Natal, o "presente do amigo oculto" sendo uma dádiva especial. Do ponto de vista da expressão de afeto via dádivas materiais, este ritual seria uma forma de redundância. Se pensarmos, contudo, na "eficácia simbólica" do "amigo oculto" realizado pelas demais famílias no âmbito extenso, esta "dádiva especial" ganha pleno sentido: reiterar a firmeza dos laços afetivos que unem os membros daquela pequena família nuclear, afirmando sua coesão.

O desdobramento no tempo desses rituais parece vir confirmar esta interpretação. Pois cada "amigo oculto" exige reuniões prévias para sua preparação, como o "almoço de família" de Glória ou o "jantar do sorteio" da família de Lúcia, engendrando novas ocasiões para a reunião e o congraçamento dessas famílias. É assim, então, que na opção por este ritual essas famílias encontram sua forma de celebrar o sentido fundamental do Natal moderno: sua própria existência.

Mas resta ainda uma questão. Todas essas famílias recorrem a um mesmo modelo de troca para festejar o Natal, parecendo neste movimento concordar quanto ao sentido último desta festa. Entretanto, não o fazem da mesma maneira. Alguns restringem a troca aos membros da geração mais nova, outros aos participantes mais velhos; alguns brincam de adivinhação, com versos e dramatizações, outros cantam em roda; alguns abrangem a família extensa, outros limitam-se aos membros da família nuclear. Há ainda aqueles que, abolindo a dádiva em sua forma mais explícita, reencontram-na em seu sentido essencial sob a forma do sorteio das contribuições de todos, em uma espécie de "dádiva fundamental" (o "bolão"). Finalmente, há também aqueles que, ainda que trocando sob a forma mais convencional do "amigo oculto", afirmam a irrelevância do objeto material trocado, enfatizando, em vez disso, a importância do "estar junto".

Esta pluralidade de versões de um mesmo movimento fundamental — inúmeras pequenas variações na forma de ritualizar um sentido comum — nos conduz de volta à questão que orientou as reflexões desenvolvidas ao longo deste livro: como passar de uma percepção da dádiva como um sistema para uma reflexão sobre a dádiva como um campo de possibilidades para a expressão individual. Esta é a questão que gostaria de abordar a seguir, nas considerações finais.

Considerações finais

Ao longo deste livro, explorei o modo como os indivíduos transitam pelo sistema da dádiva, colocando o foco nos empregos específicos das regras compartilhadas para a troca de presentes como estratégias de apresentação de si e de expressão de sentimentos. Examinei também algumas formas rituais a que recorrem para dramatizar sentidos implícitos nestas trocas, assinalando a concomitância entre a identidade dos sentidos dramatizados e a plasticidade das formas através das quais são teatralizados. Nestas considerações finais, gostaria de discutir alguns exemplos pontuais destas estratégias utilizadas pelos entrevistados como forma de retomar aquela preocupação teórica fundamental apontada na introdução: a reflexão sobre a fecundidade da dádiva para a exploração das possibilidades teóricas de um empreendimento antropológico comprometido com a visão da cultura como algo dinâmico e multifacetado, ao invés de um sistema coeso.

O primeiro exemplo é extraído do capítulo 3. Nele, discuti como as pessoas utilizam o valor monetário do presente como uma forma de expressão de afeto, seguindo uma lógica que parecia ser "quanto maior o afeto, maior o valor monetário". Várias entrevistadas apontaram seus filhos como as pessoas a quem destinavam os presentes de maior valor monetário, havendo mesmo uma preocupação em dar a todos os filhos presentes de mesmo valor, como uma forma de evitar ciúmes e ressentimentos.

O valor monetário é, assim, um meio possível para a expressão de sentimentos afetuosos. Entretanto, se os depoimentos são unânimes em reconhecer — de forma mais ou menos explícita, conforme vimos — o potencial estratégico do valor monetário como meio para esta expressão afetiva, esta lógica não se traduz sempre nas mesmas estratégias. Patrícia, em depoimento já comentado, faz uma utilização bastante peculiar desta relação: para ela, quanto mais próxima se sente afetivamente do receptor, menor o valor do presente que dá:

Porque como presente pra mim é lembrança, são as pessoas que eu gosto, elas ocorrem mais e eu posso então comprar presentes mais baratos porque posso comprar mais vezes, e a pessoa começa a entender que eu não estou presenteando porque é alguma coisa importante, mas porque eu me lembrei dela naquele momento, porque eu... eu quero que ela sinta um carinho meu, é um carinho. E à medida que vai ficando mais íntima é porque eu estou gostando mais da pessoa. (...) Pra uma pessoa amiga, que... vamos dizer, você vai comprar, porque... tem que retribuir alguma coisa, tipo ela te presenteou, e tal, amizade mais formal, em geral é alguma coisa na casa dos R$ 40, 45, alguma coisa assim. Não mais do que isso. Agora quando é alguma coisa, pagamento de honorários, um amigo que te fez um trabalho, que você deveria pagar a ele, aí eu acho que... esse amigo meu, por exemplo, eu quero dar um presente a ele de no mínimo uns R$ 1 mil. Que ainda é pouco pra hora dele, ele deve ter levado uma hora pra fazer... nem meia, ele deve ter levado meia hora pra olhar o meu recibo, mas eu acho que no mínimo R$ 1 mil. (...) Agora o presente de amor pode custar R$ 5, 6, 7... Eu ganhei a semana passada um presente que eu considero assim. Deve ter custado R$ 1. É um elástico com um ratinho e é marcador de livro. E interessante, até... uma coisa que eu acho interessante, que o presente é o que você vai fazer com ele, você que decide, pra que é que ele te serve, em que nível, em que altura que ele te serve. Ela me deu como marcador de livro, mas eu achei que é uma delícia pra brincar com os gatinhos, porque ela balança assim, o ratinho balança em cima e os gatos adoram, saem correndo... Então, um presente maravilhoso, R$ 1.

Sua lógica parece ser reduzir o valor monetário do presente até o limite (um presente de R$1), o valor sendo construído pelo afeto implícito no ato de doar e pelo uso feito pelo receptor. O presente realizaria, assim, sua plena vocação de ser "carinho", um "ato de amor".

Estas discrepâncias nas estratégias escolhidas para o presentear surgem também sob outras formas. Duas entrevistadas comentam o fato de que seus filhos já crescidos (no primeiro caso) e seus netos adolescentes (no segundo) não querem mais que elas escolham os presentes que lhes dão, preferindo receber dinheiro. Ambas acatam o pedido, mas manifestam desagrado com isso, devido à impessoalidade do dinheiro, que lhes parece justamente por isso inadequado como presente. Entretanto, reagem de maneira diametralmente oposta aos objetos que são comprados com o dinheiro que dão:

Meus filhos é cheque, já falei que não compro roupa pra eles porque nunca acerto, não é nem... eu acho que cheque não é presente, mas enfim... eles acham. (...) A mim incomoda. Porque eu acho que presente, apesar de eu não dar, talvez por isso, eu acho uma coisa importantíssima você escolher. O negócio do presente é que você escolheu especialmente pra aquela coisa. Então, dei um livro pro meu pai em vez de dar uma colônia, porque eu sei que o livro ele vai gostar muito mais. Ele vai ler, vai guardar, ele vai discutir, "olha, aquele livro que você me deu", então vai ser uma coisa importante, o que você dá. Então, cheque, você não escolheu nada, é tão simples, assina, Fulano, tanto, 200, você, cento e... pra mim não tem muito... [Você depois quer ver o que eles compraram com aquele dinheiro?] Não, nem me interesso. Porque aí já não sou eu, são eles que escolheram... não foi uma coisa que eu fiz.

(Camila)

Os meus netos, também, é um pouco triste, é cômodo porque eu não tenho que ficar ansiosa procurando alguma coisa que eles gostem, porque agora eles pedem dinheiro. [Por que triste?] Porque eu não tenho aquele prazer, apesar de ser um prazer que dói um pouco, porque eu saía procurando, então o deles foi modificando. Eu saía, comprava, eles eram pequenos, era gostoso, porque eu sabia mais ou menos o que eles gostavam. Depois eles ficaram mais crescidos, também era legal, porque nós saíamos, íamos ao shopping, eles escolhiam as coisas, a gente comprava, depois saía fazia um lanche. Mas agora eles não querem nem que a gente acompanhe. Então a gente dá o dinheiro e às vezes eu peço, "pelo menos me mostra o que vocês compraram". E fico muito chateada quando eles guardam o troco, eu digo "o que vocês compraram?", "ah não, gastei", quer dizer, aí... eu podia dizer, "não, se deu prazer a eles", deveria ser esse talvez o intuito, não sei, é meio complicado. [Você fica chateada?] É, fico. Por exemplo, meu primo, quando ele casou, eu fui madrinha dele. Eu perguntei: "Que é que vocês querem? Porque tem aquela lista, queria dar um presente melhor". "Ah, nós estamos muito sem dinheiro, dá o dinheiro". Eu dei mas fiquei muito triste, porque agora, por exemplo, aqui em casa, às vezes eu abro o aparelho de jantar, eu digo "ah, foi minha avó que me deu de casamento", "aparelho de chá, foi meu tio", "isso eu ganhei no meu casamento", "isso foi Fulano que me deu"... Então, sei lá, como se você também marcasse a sua presença na vida dos outros através de um presente, de uma lembrança, não é verdade? Não gosto muito de dar dinheiro, não.

(Susana)

As entrevistadas reagem, diante da mesma situação, de maneiras inversas. A primeira, diante dos pedidos dos filhos por dinheiro, abre mão da escolha de um objeto específico como uma forma de tradução de seu afeto e por esta razão não se interessa em saber o que foi feito com seu dinheiro, uma vez que não foi feito por ela. A segunda, insistindo na lógica de fazer-se presente na vida do outro através de um objeto ofertado, quer saber o que foi comprado com seu dinheiro.

O interesse teórico dessas atitudes discrepantes reside na compatibilidade que guardam entre si. São atitudes que, embora de um ponto de vista "empírico" pareçam incompatíveis — uma vez que opostas —, são todas elas "gramaticais", ou seja, trata-se de escolhas individuais informadas por uma mesma gramática que orienta estas trocas. Se não fui eu que escolhi, não estou presente ali e portanto não quero saber o que foi feito com meu dinheiro; se não fui eu que escolhi, quero saber o que foi escolhido com meu dinheiro para saber em que estou presente. Se a dádiva é uma forma de expressar afeto e o outro é muito importante para mim, digo-o gastando muito dinheiro em seu presente, uma vez que o valor monetário é um veículo possível para a expressão do afeto; se a dádiva é uma forma de expressar afeto e o outro é muito importante para mim, digo-o gastando pouco com ele porque o presente *é* o afeto envolvido no gesto da doação.

A idéia de que há uma "gramaticalidade" presente nestas estratégias discrepantes nos conduz de volta à noção das regras que orientam a dádiva como uma forma de linguagem. Assim como nos códigos lingüísticos *stricto sensu*, estaríamos diante de uma dupla dimensão da cultura: o "sistema" — as regras abstraídas da experiência cotidiana — e a "fala" (para parafrasear Saussure) — as estratégias individualmente adotadas para comunicar-se recorrendo a um código comum.

Esta noção de "gramaticalidade" encontra-se presente em algumas formas de pensar o empreendimento antropológico. No Brasil, a noção de "campo de possibilidades" trabalhada por Velho (1981) oferece um caminho para se lidar com a relação entre indivíduo e sociedade por uma perspectiva dinâmica. Inspirada na fenomenologia de Alfred Schutz, esta noção propicia uma maneira de dar conta da diversidade de escolhas e atitudes que permeiam a experiência dos sujeitos contemporâneos. Esta noção vem sendo aplicada em trabalhos de antropologia urbana dedicados ao estudo de dimensões da experiência individual tais como carreiras, projetos ou estilos de vida. Penso, contudo, que sua preocupação teórica fundamental — possibilitar a construção, como objeto possível das ciências sociais, de aspectos da experiência refratários a uma análise inspirada em uma visão da cultura compreendida como um conjunto coeso (de regras, valores, significados etc.) — permite também sua aproximação ao esforço aqui realizado de pensar sobre a dádiva não de forma sistêmica, mas sim pela perspectiva de uma "cultura em uso".

Esta é também a preocupação de Abu-Lughod (1993) no experimento narrativo que realiza tentando dar conta da experiência beduína. Optando por estruturar seu trabalho como um conjunto de narrativas sobre o modo como sujeitos de carne e osso vivenciam as instituições construídas pelo pensamento antropológico ocidental (tais como a poliginia), Abu-Lughod discute os limites da forma tradicional como a teoria antropológica veio trabalhando a noção de cultura. Para ela, o esforço de compreensão da "cultura do outro" acarreta quatro problemas básicos: generaliza a experiência alheia, transforma indivíduos de carne e osso em "tipos", atribui-lhes uma coerência não encontrada em sua vivência cotidiana e constrói-os como "outros" de maneira radical, produzindo uma descontinuidade aguda entre pesquisadores e pesquisados (com conseqüências políticas potencialmente graves).

O esforço aqui realizado pretende ser uma contribuição para o aprofundamento desta forma de pensar o projeto antropológico comprometida com a atenção para o modo como sujeitos concretos apropriam-se de códigos compartilhados para construir sua experiência. No caso da dádiva, é como já dizia

Godelier (2001:23): ela contém virtualmente "um formidável campo de manobras e de estratégias possíveis". É nesse sentido que, partindo dos autores clássicos que discutiram o "sistema da dádiva" como um caminho para pensar a natureza da vida social, optei por uma reflexão sobre as trocas de presentes como um recurso utilizado pelos indivíduos para falar de si — do que sentem, de como se vêem, de como querem ser vistos —, neste movimento buscando discutir a articulação entre a existência de regras compartilhadas do presentear e a agência individual expressa no manuseio destas regras.

Bibliografia

ABU-LUGHOD, Lila. *Writing women's worlds*: Bedouin stories. Berkeley: University of California Press, 1993.

———; LUTZ, C. (Eds.). *Language and the politics of emotion*. New York: Cambridge University Press, 1990.

ARAÚJO, R. Benzaquem de; CASTRO, E. Viveiros de. Romeu e Julieta e a origem do Estado". In: VELHO, G. (Org.). *Arte e sociedade*. Rio de Janeiro: Zahar, 1977.

AZEREDO, Sandra Maria da Mata. Relações entre empregadas e patroas: reflexões sobre o feminismo em países multirraciais. In: COSTA, A. de O.; BRUSCHINI, C. (Orgs.). *Rebeldia e submissão*: estudos sobre condição feminina. São Paulo: Vértice, Revista dos Tribunais, Fundação Carlos Chagas, 1989.

BARROS, Myriam Lins de. *Autoridade & afeto*: avós, filhos e netos na família brasileira. Rio de Janeiro: Jorge Zahar Editor, 1987.

BOURDIEU, Pierre. *Outline of a theory of practice*. Cambridge: Cambridge University Press, 1977.

———. Marginália: algumas notas adicionais sobre o dom. *Mana*, v. 2, n. 2, p. 7-20, 1996.

BROWN, Penelope; LEVINSON, Stephen. *Politeness*. Cambridge: Cambridge University Press, 1987.

CAPLOW, Theodore. Rule enforcement without visible means: Christmas gift giving in Middletown. *American Journal of Sociology*, v. 89, n. 6, p. 1306-1323, 1984.

CARRIER, James. The rituals of Christmas giving. In: MILLER, D. (Ed.). *Unwrapping Christmas*. Oxford: Oxford University Press, 1993.

CASTRO, Celso. *O espírito militar*. Rio de Janeiro: Jorge Zahar Editor, 1990.

CHEAL, David. *The gift economy.* London: Routledge, 1988.

CLIFFORD, James. Sobre a automodelagem etnográfica: Conrad e Malinowski. In: GONÇALVES, J. R. S. (Org.). *A experiência etnográfica*: antropologia e literatura no século XX. Rio de Janeiro: UFRJ, 1998.

COELHO, Maria Claudia. *Teatro e contracultura*: um estudo de antropologia social. Dissertação (Mestrado em Antropologia Social) — Museu Nacional, UFRJ, Rio de Janeiro, 1989.

―――. Jovens atores e jovens católicos: um estudo sobre metrópole e diversidade. In: VELHO, G. (Org.). *Individualismo e juventude.* Rio de Janeiro: UFRJ, 1990. (Comunicação, 18).

―――. Gift-giving: interaction, face and politeness. In: INTERNATIONAL PRAGMATICS CONFERENCE, 6. *Proceedings...* Reims, France, 1998.

―――. "O que vale é a intenção": trocas materiais, comunicação e subjetividade. *Interseções*, ano 3, n. 1, p. 111-131, 2001a.

―――. Sobre agradecimentos e desagrados: trocas materiais, relações hierárquicas e sentimentos. In: VELHO, G.; KUSCHNIR, K. (Orgs.). *Mediação, cultura e política.* Rio de Janeiro: Aeroplano, 2001b.

―――. O enigma do dom. *Interseções*, ano 4, n. 2, p. 211-217, 2002a.

―――. "Um presente que é a sua cara": trocas materiais e construção de identidade. *Palavra*, n. 8, p. 74-85, 2002b.

―――. Trocas materiais e construção de identidades de gênero. In: LOPES, Luiz Paulo Moita; BASTOS, Liliana Cabral (Orgs.). *Identidades*: recortes multi e interdisciplinares. Campinas: Mercado de Letras, 2002c.

―――. Dádiva e emoção: obrigatoriedade e espontaneidade nas trocas materiais. *Revista Brasileira de Sociologia das Emoções*, v. 2, n. 6, 2003.

DAMATTA, Roberto. *Carnavais, malandros e heróis.* Rio de Janeiro: Zahar, 1979.

―――. *A casa e a rua.* São Paulo: Brasiliense, 1985.

DAUSTER, Tania. *A experiência "obrigatória"*: notas sobre o significado do filho em camadas médias urbanas. Tese (Doutorado em Antropologia Social) — Museu Nacional, UFRJ, Rio de Janeiro, 1984.

DUARTE, Luiz Fernando Dias. *Da vida nervosa nas classes trabalhadoras urbanas.* Rio de Janeiro: Jorge Zahar Editor, 1986.

DURKHEIM, Émile. Julgamentos de valor e julgamentos de realidade. In: ―――. *Sociologia e filosofia.* Rio de Janeiro: Forense-Universitária, 1970.

―――. *As regras elementares do método sociológico.* São Paulo: Nacional, 1984.

———. *As formas elementares da vida religiosa*. São Paulo: Martins Fontes, 1996.

FERREIRA, Aurélio Buarque de Holanda. *Novo dicionário da língua portuguesa*. Rio de Janeiro: Nova Fronteira, 1975.

FIGUEIRA, Sérvulo. Introdução: psicologismo, psicanálise e ciências sociais na "cultura psicanalítica". In: ——— (Org.). *Cultura da psicanálise*. São Paulo: Brasiliense, 1985.

FIUZA, Silvia. Identidade jovem em camadas médias urbanas. In: VELHO, G. (Org.). *Individualismo e juventude*. Rio de Janeiro: UFRJ, 1990. (Comunicação, 18).

GODBOUT, Jacques. *O espírito da dádiva*. Rio de Janeiro: FGV, 1999.

GODELIER, Maurice. *O enigma do dom*. Rio de Janeiro: Civilização Brasileira, 2001.

GOFFMAN, Erving. *A representação do eu na vida cotidiana*. Petrópolis: Vozes, 1975.

———. A elaboração da face. In: FIGUEIRA, S. (Org.). *Psicanálise e ciências sociais*. Rio de Janeiro: Francisco Alves, 1980.

HEILBORN, Maria Luiza. *Conversa de portão*. 1984. Dissertação (Mestrado em Antropologia Social) — Museu Nacional, UFRJ, Rio de Janeiro, 1984.

HENDRY, Joy. *Wrapping culture*: politeness, presentation, and power in Japan and other societies. Oxford: Clarendon Press, 1995.

KATZ, Jack. *Seductions of crime*. New York: Basic Books, 1988.

KUPER, Adam. The English Christmas and the family: time out and alternative realities. In: MILLER, D. (Ed.). *Unwrapping Christmas*. Oxford: Oxford University Press, 1993.

LASSWELL, Harold D. A estrutura e a função da comunicação na sociedade. In: COHN, G. (Org.). *Comunicação e indústria cultural*. São Paulo: Companhia Editora Nacional, 1975.

LÁZARO, A. *Amor*: do mito ao mercado. Petrópolis: Vozes, 1997.

LÉVI-STRAUSS, Claude. Introdução à obra de Marcel Mauss. In: MAUSS, Marcel. *Sociologia e antropologia*. São Paulo: EPU, 1974.

———. *As estruturas elementares do parentesco*. Petrópolis: Vozes, 1982.

———. Father Christmas executed. In: MILLER, D. (Ed.). *Unwrapping Christmas*. Oxford: Oxford University Press, 1993.

LUTZ, Catherine A. *Unnatural emotions*: everyday sentiments on a Micronesian atoll & their challenge to western theory. Chicago: The University of Chicago Press, 1988.

MALINOWSKI, Bronislaw. *Argonautas do Pacífico ocidental*. São Paulo: Abril Cultural, 1976.

MAUSS, Marcel. Ensaio sobre a dádiva. In: . *Sociologia e antropologia*. São Paulo: EPU, 1974.

―――. A expressão obrigatória dos sentimentos. In: FIGUEIRA, S. (Org.). *Psicanálise e ciências sociais*. Rio de Janeiro: Francisco Alves,1980.

MILLER, Daniel. A theory of Christmas. In: ――― (Ed.). *Unwrapping Christmas*. Oxford: Oxford University Press, 1993.

MILLER, William Ian. *Humiliation*. Ithaca: Cornell University Press, 1993.

PARRY, Jonathan. The gift, the Indian gift and the 'Indian Gift'. *Man*, n. 21, p. 453-473, 1986.

―――; BLOCH, Maurice. Introduction: money and the morality of exchange. In: ―――;

――― (Eds.). *Money & the morality of exchange*. Cambridge: Cambridge University Press, 1989.

REHEN, Lucas K. F. O ato de presentear: comunicação, cultura e interação. In: SEMANA DE INICIAÇÃO CIENTÍFICA DA UERJ, 9. *Anais...* Rio de Janeiro, 2000.

REZENDE, Claudia Barcellos.. Diversidade e identidade: discutindo jovens de camadas médias urbanas. In: VELHO, G. (Org.). *Individualismo e juventude*. Rio de Janeiro: UFRJ, 1990. (Comunicação n. 18).

―――. *Friendship among some young English men and women resident in London, 1991-1992*. 1993. Thesis (PhD) — University of London, 1993.

―――. Empregadas domésticas e seus patrões: amizade com desigualdade social e racial. In: REUNIÃO DA ANPOCS, 19. *Anais...* Caxambu, 1995.

RYANS, Adrian. Consumer gift buying behavior: an exploratory analysis. In: GREENBERG, Barnett A.; BELLENGER, Danny N. (Eds.). *Contemporary marketing thought 1977: educators' proceedings*. Chicago: American Marketing Association, 1977. p. 99-104.

SAHLINS, Marshall. *Cultura e razão prática*. Rio de Janeiro: Zahar, 1979.

SALEM, Tania. *Sobre o casal grávido*: incursão em um universo ético. 1982, Tese (Doutorado em Antropologia Social) — Museu Nacional, UFRJ, Rio de Janeiro, 1987.

SCHWARTZ, Barry. The Social psychology of the gift. In: BIRENBAUM, Arnold; SAGARIN, Edward (Eds.). *People in places*. London: Nelson, 1973.

SEARLE-CHATTERJEE, Mary. Christmas cards and the construction of social relations in Britain today. In: MILLER, D. (Ed.). *Unwrapping Christmas*. Oxford: Oxford University Press, 1993.

SENNETT, Richard. *O declínio do homem público*. São Paulo: Cia. das Letras, 1988.

SIGAUD, Lygia. As vicissitudes do "Ensaio sobre o dom". *Mana*, v. 5, n. 2, p. 89-124, 1999.

SIMMEL, Georg. Faithfulness and gratitude. In: WOLFF, Kurt H. (Ed.). *The sociology of Georg Simmel*. New York: Free Press, 1964.

———. Exchange. In: ———. *On individuality and social forms*. Chicago: The University of Chicago Press, 1971a.

———. Freedom and the individual. In: ———. *On individuality and social forms*. Chicago: The University of Chicago Press, 1971b.

———. The problem of sociology. In: ———. *On individuality and social forms*. Chicago: The University of Chicago Press, 1971c.

———. *Filosofia do amor*. São Paulo: Martins Fontes, 1993.

VELHO, Gilberto. *A utopia urbana*: um estudo de antropologia social. Rio de Janeiro: Zahar Editores, 1973.

———. *Individualismo e cultura*. Rio de Janeiro: Zahar, 1981.

———. *Subjetividade e sociedade*: uma experiência de geração. Rio de Janeiro: Jorge Zahar Editor, 1986.

———. *Nobres & anjos*: um estudo de tóxicos e hierarquia. Rio de Janeiro: FGV, 1998.

———; KUSCHNIR, Karina. Mediação e metamorfose. *Mana*, v. 2, n. 1, p. 97-108, 1996.

VIANNA, Hermano. *O mundo funk carioca*. Rio de Janeiro: Jorge Zahar Editor, 1988.

VILHENA, Luís Rodolfo. *O mundo da astrologia*. Rio de Janeiro: Jorge Zahar Editor, 1990.

WEINER, Annette. From words to objects to magic: hard words and the boundaries of social interaction. *Man*, n. 18, p. 690-709, 1983.

YAN, Yunsiang. *The flow of gifts*: reciprocity and social networks in a Chinese village. Palo Alto: Stanford University Press, 1996.

YANG, M. M. *Gifts, favors and banquets*: the art of social relationships in China. Ithaca: Cornell University Press, 1994.

Esta obra foi impressa pela
Markgraph Gráfica e Editora Ltda. em papel
offset chambril book — International Paper
para a Editora FGV em junho de 2006.